Frank Ebel
Franziska Gürtler
Bastian Schmidt

Mit Fotografien von Gerald Richter

50 historische Wirtshäuser

Schwäbische Alb und Mittleres Neckartal

Verlag Friedrich Pustet
Dr. Peter Morsbach Verlag

Bibliografische Information der Deutschen Nationalbibliothek

Die Deutsche Nationalbibliothek verzeichnet diese Publikation
in der Deutschen Nationalbibliografie; detaillierte bibliografische
Daten sind im Internet über http://dnb.dnb.de abrufbar.

ISBN 978-3-7917-2932-9

© 2017 by Verlag Friedrich Pustet Regensburg und

Dr. Peter Morsbach Verlag Regensburg

Satz: Dr. Peter Morsbach Verlag nach einem Entwurf von grafica – Astrid Riege

Einbandmotive: vorne: Altes Wachthaus in Kirchheim unter Teck;

hinten links: Zur Forelle in Ulm;

hinten rechts: Erstes Ulmer Pfannkuchenhaus

Druck und Bindung: Friedrich Pustet, Regensburg

Printed in Germany 2017

Weitere Publikationen aus unserem Programm finden Sie

auf www.verlag-pustet.de bzw. www.drmorsbachverlag.de

Kontakt und Bestellungen unter verlag@pustet.de

Inhalt

Historische Wirtshäuser

Schwäbische Alb und

Mittleres Neckartal

Vorbildlich: Wirtshäuser mit Tradition

Historisch gesehen ist die Landschaft, welche die Wirtshäuser auf der Schwäbischen Alb und im Mittleren Neckartal umfasst, ein prächtiger Flickenteppich. Während Heidenheim, Münsingen und Tübingen zum Herzogtum Württemberg zählten, waren Ratshausen und Rottenburg am Neckar Teil der habsburgischen Vorlande (Vorderösterreich), und Bopfingen, Esslingen und Ulm an der Donau bis zum Ende des Alten Reiches stolze Freie Reichsstädte. So verschieden die Herrschaften zu Zeiten des längst untergegangen Heiligen Römischen Reichs Deutscher Nation waren, so eint sie eine stolze Anzahl von traditionsreichen Schild- und Speisewirtschaften, ob Ochsen in Blaubeuren oder Roter Ochsen in Ellwangen und in Lauchheim. Den Ochsen gibt es freilich vor allem in Baden-Württemberg, allerdings ist die Linde der häufigste deutsche Gasthausname. Und ob wirklich jede Region ihre ganz spezielle Wirtshauskultur hat, kann hinterfragt werden.

„… daß der Gast gut bedient"

Der Schriftsteller und Theologe Carl Theodor Griesinger (1809–84) charakterisiert den „gebildeten Gastwirth" unseres schwäbischen Landstrichs wie folgt: „Ein Gasthof ist der Zusammenfluß aller Schattierungen von Menschengesichtern; dem Gastwirt aber ist jedes Gesicht gleich, wenn es nur einen Geldbeutel besitzt mit gangbarer Münze. Er fragt nicht nach Religion, nicht nach Stand, nicht nach Gottesfurcht, nicht nach Verstand, er sorgt nur, daß der Gast gut bedient und er selbst bezahlt werde."

Gasthöfe sind meist Zentrum, Kern und Blickfang des Gemeinwesens. Nicht nur in Kleinstädten oder Dörfern stellen sie augenfällige Bauwerke dar, die – neben Kirche, Rathaus und gegebenenfalls Schloss – das Weichbild einer Kommune prägen. Der Gasthof bildet den Mittelpunkt des gesellschaftlichen Lebens und dient zudem als Umschlagplatz von Nachrichten und Informationen, von

Klatsch und Tratsch; es wird politisiert und poussiert. Er war und ist Schauplatz von „Übergangs-riten": Von der Tauffeier bis zur Kommunion bzw. Konfirmation, vom Hochzeitsfest bis zum Lei-chenschmaus – im Gasthaus ist für (fast) alle und alles Platz.

Heutzutage stellt es eine besondere Herausforderung dar, eine traditionsreiche Wirtschaft zu betrei-ben, vor allem wenn sich diese in einem denkmalgeschützten Gebäude befindet. Während manche dieser Häuser seit Generationen im Besitz einer Familie sind, ist es nicht selten, dass andere Gaststätten häufig den Betreiber wechseln. Aufgrund wirtschaftlicher und gesellschaftlicher Veränderungen wurden und werden zahlreiche der historischen, häufig in Familienbesitz befindlichen Gasthöfe aufgegeben, manche gar abgerissen. Damit gehen wichtige soziale Funktionen, wertvolle Gebäude und auch ein Stück Identität der Städte und Gemeinden verloren. Denn städtische Gasthöfe und ländliche Gasthäu-ser sind traditionell wichtige Orte der Kommunikation, Begegnung und Verständigung. Sie fördern den sozialen Zusammenhalt und die Verbundenheit der Bürgerinnen und Bürger mit ihren Kommunen.

„Vorbildliches Dorfgasthaus" – Wirtshaus mit Kultur

Aufgrund des wirtschaftlichen und sozialen Wandels nimmt die Zahl der Gasthäuser in Stadt und Land stetig ab. Damit verschwindet ein Kulturgut mit vielerlei Auswirkungen, insbesondere im ländlichen Raum. Das „Wirtshaussterben" ist kein neues Phänomen, es hat schleichend schon vor Jahrzehnten begonnen – und es ist überall in Deutschland zu beobachten. Auf dem Land schließen die Gasthäuser, ob Dorfkrug im Norden, Eckkneipe im Westen oder Biergarten im Süden unserer Republik – und erst recht die Gaststätten im Osten, wo der Schwund nach 1990 besonders rasant eingesetzt hat. Von den mehr als 70 000 Schankwirtschaften, die das Statistische Bundesamt noch für das Jahr 1994 verzeichnete, gibt es heute nicht einmal mehr die Hälfte.

Vor allem das Dorfgasthaus war jahrhundertelang fester Bestandteil ländlichen Lebens. Die Zahl der Dorfgaststätten ist in den letzten Jahren und Jahrzehnten kontinuierlich zurückgegangen. Damit verschwindet eine wichtige Basis der Geselligkeit, und die Vereine als Träger des lokalen Herkommens verlieren einen Versammlungsort. Gleichzeitig hat sich zunehmend ein Bewusstsein für den Stellenwert entwickelt, den Dorfwirtschaften für die Identität von Kommunen im ländlichen Raum und deren Bewohner besitzen. Zum Erhalt von Dorfgasthäusern stiftete der Arbeitskreis Heimatpflege im Regie-rungsbezirk Tübingen e. V. im Jahr 2014 einen „Preis für vorbildliche Dorfgasthäuser".

Dorfgaststätten dürfen sich nicht (länger) auf die Rolle des Bewahrers eines klassischen Erbes, der „typischen" Dorfgaststätte, reduzieren. Um ihr Überleben zu sichern, sollen sie durch innova-tive Konzepte ihre Attraktivität als Begegnungsstätte für die Menschen in der Umgebung erhalten bzw. steigern. Dies kann gelingen, indem sie sich beispielsweise durch kulturelle Aktivitäten, wie musikalische Veranstaltungen, Kabarett, Theater, Ausstellungen usw. oder durch zusätzliche Angebote – Hofladen, Biergarten, Mittagessen für Schulen – einem breiteren Publikum öffnen.

Der Arbeitskreis Heimatpflege im Regierungsbezirk Tübingen e. V. möchte mit einem Wettbewerb die ausgezeichneten Häuser beispielhaft hervorheben. Denn mit dem Wettbewerb „Vorbildliches Dorfgasthaus" zeichnet der Arbeitskreis Dorfgasthäuser aus, die in ihrer konzeptionellen und kulinarischen Ausrichtung auch die Heimatpflege und Heimatkunde fördern und für das lokale Umfeld bedeutend sind. Aspekte wie das kulturelle Programm, die bauliche und räumliche Ausstattung, auch unter denkmalpflegerischen Gesichtspunkten, fließen in die Wertung ein. Die Gasthäuser haben dann eine Chance, wenn sie auch besondere, individuelle Anreize bieten. Dazu gehören die gute, regionale Küche, ein ansprechendes, gediegenes Interieur und ein gemütlicher Garten ebenso wie eine freundliche Bedienung. Einige der Preisträger sind auch in der Reihe „50 historische Wirtshäuser" beschrieben.

Trend zu Tradition und Regionalität

Gegen den Trend des Rückgangs setzen viele Betreiber auf innovative Konzepte, welche die Attraktivität ihres Gasthauses als Begegnungsstätte für die Menschen von nah und fern erhalten und steigern. Es gibt also einen Hoffnungsschimmer, denn es besteht ein Trend zurück zur Tradition, zur Regionalität – und auch zum traditionellen Wirtshaus. Wenn sich dieser weiter verstärkt, dann haben diese Häuser heute wieder mehr Chancen als noch vor einigen Jahren.

Denn auch eine wichtige Funktion der Dorfwirtshäuser wäre in den vergangenen Jahren beinahe in Vergessenheit geraten: Sie sind nicht nur „Wohlfühloasen", sondern wichtige Orte der Kommunikation, des kulturellen und politischen Lebens, der sozialen Interaktion und des Austausches. Nutzen wir doch alle den Trend zurück – oder besser vorwärts – zur regionalen Identität, wozu auch das wahre Leben und die direkte Kommunikation im Wirtshaus gehören – jenseits von Facebook, Instagram und WhatsApp.

Wenn eine Kleinstadt oder ein Dorf kein gastliches Wirtshaus mehr hat, dann hat es auch keinen Mittelpunkt, keinen Kern und kein Herz mehr. Deshalb muss uns allen daran gelegen sein, unseren Gasthäusern das – vor allem wirtschaftliche – Überleben zu sichern. Denn das gewachsene, traditionelle Wirtshaus gehört zur Kultur und Lebensweise gerade im ländlichen Raum und es kann – wie die dargestellten Beispiele zeigen – mit dem entsprechenden Engagement und dem notwendigen Zuspruch in die Zukunft geführt werden.

Karlheinz Geppert
Stv. Vorsitzender des Landesausschusses Heimatpflege Baden-Württemberg
Vorsitzender des Arbeitskreises Heimatpflege im Regierungsbezirk Tübingen e. V.

1

Gasthof zum Adler

in Ratshausen

Ratshausen, das bedeutet knapp 800 Einwohner, die in etwa 200 Häusern im Oberen Schlichemtal am westlichen Rand der Schwäbischen Alb leben, eine idyllische Natur, die zwischen Wäldern, Wiesen und Feldern von Radwegen durchzogen ist, und vor allem: Ruhe. Hier, abseits der gut frequentierten touristischen Attraktionen dieser Region, betreibt Familie Sauter den Gasthof zum Adler, der 1911 durch eine Hochzeit von Familie Häring, die das Haus 1863 nebst Brennerei, Brauerei und Kegelbahnen erworben hatte, an die Familie überging. Dass der Gasthof heute von Martina und Klaus Sauter bereits in der fünften Generation geführt werden kann, verdanken sie ursprünglich aber noch den Härings. Denn nachdem der 1811 erstmals erwähnte Gasthof 1903 einer Brandstiftung zum Opfer gefallen war, war es der tatkräftige Martin Häring, der das Gebäude samt der Brennerei

wieder aufbaute und noch im selben Jahr wieder eröffnete.

In den 1930er-Jahren ging die Verantwortung an Hermann Sauter über, der den Gasthof mit seiner allseits bekannten Frau Maria, genannt „Schützen-Marie", bis zum Jahr 1972 führte. Dann übernahm Destillateurmeister Martin Sauter mit seiner Frau das Haus. Bis zum heutigen Tag entlockt er, Seniorchef und Vater von Klaus Sauter, den Beeren, Kräutern und Früchten der Region ihr Aroma. Mit dem Einstieg von Sohn Klaus und seiner Frau Martina 1993 brach eine neue Zeit für den Adler an. Gab es bislang kleine Vespern und gelegentlich einen Braten, hatten die jungen Sauters andere Vorstellungen. Sie veränderten das Traditionslokal im Sinne ihrer Philosophie: „Ein Besuch im Adler soll ein Kurzurlaub für die Seele sein und ein Genuss für alle Sinne." Eine neue Küche, moderne sanitäre Anlagen und ein weiterer Gastraum machten aus dem Landgasthof Anfang der 1990er-Jahre ein Schmuckstück. Bei der endgültigen Übernahme des Hauses im Jahr 2003 eröffneten die gelernte Hotelfachfrau und der Koch zusätzlich die Feinschmeckerei, einen kleinen Laden, in dem die hausgemachten Wurstkreationen, Maultaschen, Kutteln und Brände für den Genuss daheim gekauft werden können.

Die Küche des Hauses lockt die Gäste aus nah und fern nach Ratshausen. Klaus Sauter vertritt den Grundsatz: „Jedes Gericht kann nur so gut werden, wie die Produkte sind, aus denen es ent-

steht." Und die sind im Adler von besonderer Qualität. Es gibt im näheren Umland Bauern, die ausschließlich für die Adler-Küche produzieren. Duroc-Schweine, Rinder oder Lämmer werden im Ganzen abgenommen und vollständig verarbeitet. Das Wild stammt aus der eigenen Jagd der Familie, auf deren männlicher Seite alle passionierte Jäger sind. Jahreszeitenabhängig kann Klaus Sauter so bis zu 60 Prozent aller in der Küche verwendeten Lebensmittel aus einem Umkreis von sechs Kilometern um den Adler beziehen. Daraus zaubert der kreative Koch, der in verschiedenen Sternehäusern gelernt hat, seine „regionalen Gerichte, mit französischen Akzenten und frischem schwäbischen Esprit" – eine Küche, die bereits Jahrhundertkoch Paul Bocuse zum Schwärmen brachte, als er Sauters saure Kutteln in Ratshausen probierte. Seit Jahrzehnten wird der Adler außerdem im Guide Michelin geführt.

Trotz all dieser Meriten hat sich der Adler das Flair eines urigen Traditionsgasthofes erhalten, in dem vom Bauarbeiter bis zum Firmenchef alle willkommen sind und sich auch alle wohlfühlen. Das liegt neben dem unverwechselbaren Charme von Chefin Martina Sauter natürlich auch an der Gestaltung der beiden Gaststuben. Eine offene Holzkonstruktion aus alten Balken teilt den vorderen

Die vielen Ausstattungsdetails machen den Adler zu einem Wirtshausmuseum; Sitzbezüge und Stuhlkissen sind aus alten Getreidesäcken genäht und daher ganz individuell gestaltet

*Martina und Klaus Sauter
führen den Ratshausener Adler
heute in fünfter Generation*

Bereich mit Schanktheke, Kachelofen und Stammtisch dezent vom restlichen Gastraum ab. Ein besonderes Detail sind die Polsterungen im Adler. Sie bestehen aus alten Getreide- und Mehlsäcken und wurden von einer Freundin des Hauses von Hand genäht. Der älteste dazu verwandte Sack stammt aus dem Jahr 1859. Die Großmutter hatte die alten Leinensäcke auf dem Dachboden gesammelt und sich zeit ihres Lebens geweigert, diese wegzugeben. Genauso machen die Vorhänge und Tischdecken, die aus dekorativen, spitzenbesetzten Kissen und Überdecken genäht sind, jeden Tisch zu einem Unikat. Überhaupt sind es die reizenden historischen Details, die eine ländlich-authentische Atmosphäre schaffen und das Haus von 1811 zu einem echten kleinen Bijou machen. So stehen ein alter Holzofen-Herd und eine Nähmaschine mit Fußpedal als Beistelltischchen im Raum; Musik kommt aus einer rund 45 Jahre alten Jukebox, die mit ihrer neuen Holzverkleidung wie ein modernes Retrostück aussieht. Ihr Alter bemerkt man erst, wenn man sich zum Bespielen österreichische Schillinge an der Theke ausborgen muss. Ebenfalls Originale sind die Sammeltassen, in denen im Adler Tee und Kaffee ausgeschenkt werden.

1993 wurde zusätzlich zum Gastraum das Schwäbische Stübchen angebaut und komplett mit Holz verkleidet. Steingutkrüge, Familienbilder, Musikinstrumente, alte Küchengeräte und andere Erinnerungsstücke zieren die Wände, Regale und Vorsprünge der Holzvertäfelung. Hier befindet sich auch der bei den Gästen beliebteste Platz im Haus: das Steirer Eck, in Anlehnung an die Herkunft von Martina Sauter.

Für die Sommermonate verfügt der Adler natürlich auch über einen Garten, das sogenannte „Gillabomba-Höfle". Der wunderbar begrünte Hinterhof lädt zum Verweilen ein, und so ist es kein Wunder, dass Gäste gerne einen etwas längeren Anfahrtsweg auf sich nehmen, um das alles in einem traditionellen, fast schon nostalgischen Ambiente zu genießen.

Gasthof zum Adler

Hohner Straße 3
72365 Ratshausen

Telefon: 07427 / 2260

www.adler-ratshausen.de

Öffnungszeiten:
Mittwoch–Freitag
17:30–24:00 Uhr
Samstag, Sonntag
11:30–13:30 Uhr
und 17:30–24:00 Uhr

2

GASTSTÄTTE FECKER

IN HECHINGEN

Hechingen liegt am nördlichen Rand der Schwäbischen Alb, dem sogenannten Albtrauf. Die Stadt wird quasi überschattet von der weithin sichtbaren Burg Hohenzollern, wo heute noch die Nachfahren der deutschen Kaiser leben. 786 erstmals erwähnt in einer Urkunde des Klosters St. Gallen mit der Missionskirche St. Luzen, gründeten die Zollerngrafen hier eine Stadtansiedlung, die 1255 wohl schon Stadtrecht besaß und an einer wichtigen Reichs- und Handelsstraße von Frankfurt bis in die Schweiz lag. Im 15. Jahrhundert wurden die Stadt und die umliegenden Ländereien an das Haus Württemberg verpfändet, doch ein später Spross der Hohenzollern, Graf Jos Niklaus, konnte den Besitz zurückerlangen. Im 16. Jahrhundert baute man die Stadt planmäßig aus und errichtete ein Renaissanceschloss, das im 19. Jahrhundert durch eine klassizistische Stadtresidenz, das Neue Schloss, ersetzt wurde.

*Die langjährige Fecker-Wirtin „Fräulein" Maria Fecker.
Rechts: Ein Kachelofen mit Wirtshausmotiven wärmt
die Stube*

Nur wenige hundert Meter von diesem Schloss entfernt liegt in der Schlossstraße ein historisches Wirtshaus: das noch heute nach seinem Gründer benannte und hier unter diesem Namen jedem bekannte Gasthaus Fecker. Am 24. November 1877 erhielt der Mechaniker Johann Fecker, der das Haus Jahre zuvor als Wohnhaus und wohl auch als Ladengeschäft für Brillen und Thermometer erworben hatte, vom Königlichen Oberamt Hechingen den „Erlaubnisschein ..., den Wein- und Bierausschank (mit Ausschluß des Branntweinschanks) zu betreiben". Bald darauf gab er die Neueröffnung für den 16. Dezember auch in der Zeitung bekannt: „... erlaube ich mir die ergebendste Anzeige zu machen ... dass ich eine Wein- und Bierwirtschaft eröffnen werde. Mein Bestreben wird es stets sein, durch Verabreichung reiner und frischer Getränke, wie auch guter kalter Speisen meine werthen Gäste zu befriedigen ... NB. Mein bisher betriebenes Geschäft als Mechaniker führe ich unverändert fort."

Seither ist das Wirtshaus Fecker in Familienbesitz und wurde bis Ende der 1980er-Jahre von der Enkelin Maria Fecker geführt, die als Wirtin einen ganz besonderen Ruf genoss. Sie legte Wert auf die Ansprache „Fräulein", galt als höchst liebenswerte Person und war doch streng mit ihrer Kundschaft. So soll sie niemals einen Gast „stockbetrunken" nach Hause geschickt haben, sondern immer schon beim Austeilen der Getränke darauf geachtet haben, wie viel der jeweilige Gast vertragen konnte. Das haben auch die beiden heutigen Pächterinnen der fast unveränderten Gaststätte Fecker, Petra Gantenbein-Mayer und Sandra Hirlinger, noch miterlebt. Petra berichtet, als junge Erwachsene nicht mehr als ein einziges Andechser, das damals hier ausgeschenkt wurde, erhalten zu haben,

und die jüngere Sandra erhielt nur ein Radler – mehr gab's nicht für Heranwachsende, die im Fecker zwar durchaus willkommen waren, aber doch noch eines gewissen Schutzes bedurften – darauf hat das Fräulein Fecker immer geachtet. Nachdem sie sich hochbetagt in den späten 80er-Jahren zurückgezogen hatte, führte als

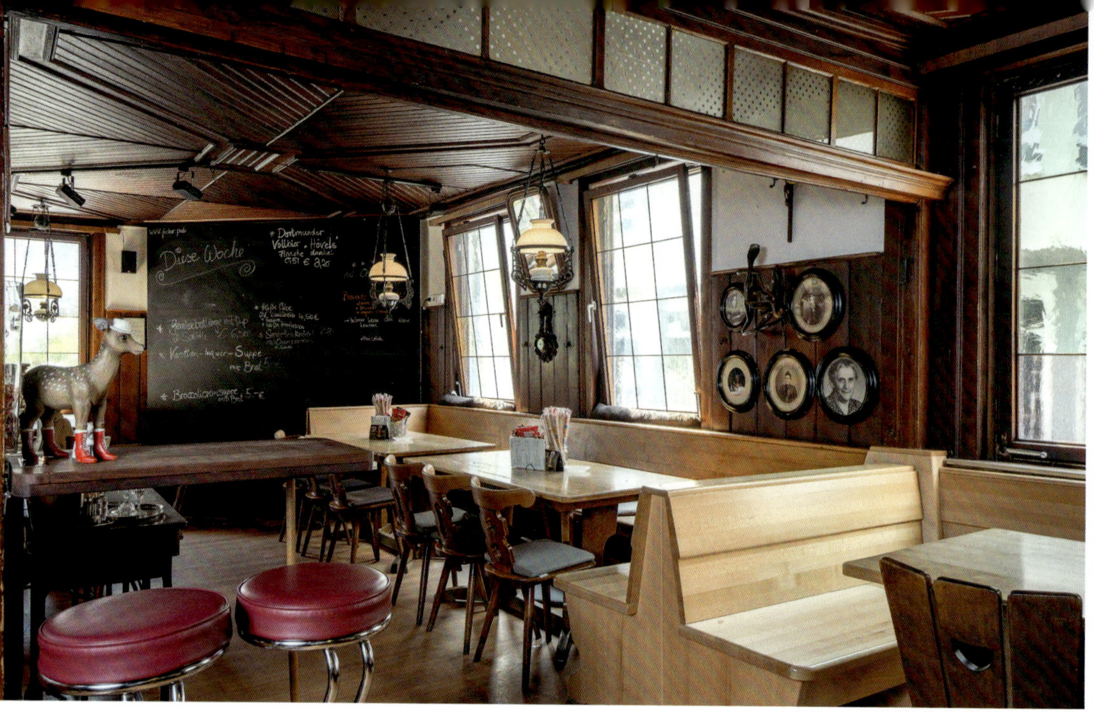

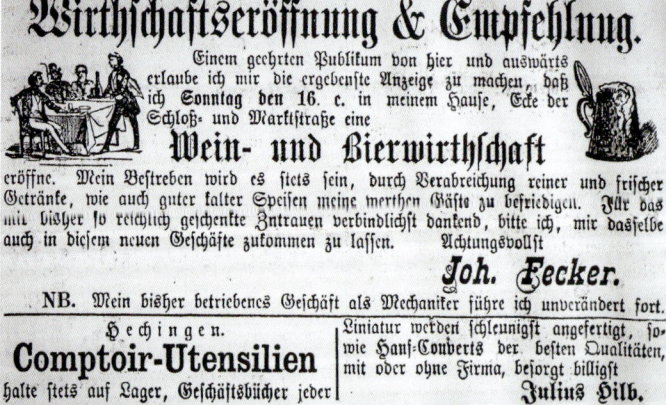

nächste Wirtin Waltraut Ellinger über 20 Jahre lang die Gaststätte; sie hat den ursprünglichen Eckeingang verlegt und dort eine kleine Bühne für Musik und Kleinkunstauftritte aufgebaut.

Danach versuchten andere Wirte ohne dauerhaften Erfolg, das Konzept zu verändern und eine gehobene Gastronomie zu etablieren. Doch „'s Fecker" war eigentlich immer ein Treffpunkt von Jung und Alt, von Schülern und Lehrern, Handwerkern und Gelehrten, von Menschen aller Schichten – eine Kultkneipe würde man heute dazu sagen. Das muss auf Petra Gantenbein-Mayer und Sandra Hirlinger einen großen Eindruck gemacht haben, denn die beiden Hechingerinnen, die zuvor schon ein anderes Wirtshaus betrieben, haben das Fecker seit 2015 wieder zu der urigen Kneipe gemacht, die es zu Maria Feckers Zeiten war. Mit urgemütlicher Atmosphäre und gut bürgerlicher Kost von der kleinen Speisekarte konnten sie frühere Stammgäste zurückgewinnen.

Der Schankraum sieht noch genau so aus, wie zu Fräulein Feckers Zeiten: halbhoch getäfelte Wände, harte Wirtshausbänke (zu denen es aber weiche

Hechingen.

Wirthschaftseröffnung & Empfehlung.

Einem geehrten Publikum von hier und auswärts erlaube ich mir die ergebenste Anzeige zu machen, daß ich **Sonntag den 16. c.** in meinem Hause, Ecke der Schloß- und Marktstraße eine

Wein- und Bierwirthschaft

eröffne. Mein Bestreben wird es stets sein, durch Verabreichung reiner und frischer Getränke, wie auch guter kalter Speisen meine werthen Gäste zu befriedigen. Für das mir bisher so reichlich geschenkte Zutrauen verbindlichst dankend, bitte ich, mir dasselbe auch in diesem neuen Geschäfte zukommen zu lassen. Achtungsvollst

Joh. Fecker.

NB. Mein bisher betriebenes Geschäft als Mechaniker führe ich unverändert fort.

Hechingen.

Comptoir-Utensilien

halte stets auf Lager, Geschäftsbücher jeder Liniatur werden schleunigst angefertigt, sowie Hanf-Couverts der besten Qualitäten, mit oder ohne Firma, besorgt billigst

Julius Hilb.

Oben: Kleinkunstbühne in der Wirtschaft.
Unten: Eröffnungsanzeige vom 16.12.1877

Kissen gibt), eine traditionelle Theke, viele alte Bilder aus der Stadt und ein zentraler Kachelofen. Dieser Ofen musste 2003 ersetzt werden, was man in einem liebevoll historisierenden Stil getan hat: Die Ofenkacheln sind mit Wirtshausszenen und passenden Sprüchen bemalt, wie: „wirtin bring' die suppen bald, sonst wird der magen kalt", oder aber etwas derber: „der frauen rat ist nicht viel wert – der ist ein narr, der darauf hört". Diese Kachel hätte Fräulein Fecker vielleicht nicht geduldet, doch die heutigen Wirtinnen Petra und Sandra lässt das kalt – sie wissen, dass ihre Gäste auf sie hören müssen, sonst gibt's weder Speis' noch Trank. Das Gästespektrum besteht wieder, wie zu früheren Zeiten, aus jungen und alten Hechingern aller Berufsstände; neu ist die Möglichkeit, nun auch im benachbarten Biergarten zu sitzen, der an der Stelle eines abgerissenen Nachbarhauses eröffnet wurde.

Wer einmal zur Besichtigung des Hohenzollernschlosses in die Region kommt, sollte unbedingt auch der historischen Gaststätte Fecker einen Besuch abstatten. Vielleicht trifft man dann auch ein weiteres Hechinger Urgestein an, den Stadtführer Jörg Küster, der uns so viel über die Geschichte der Hohenzollern, der Stadt und das Gasthauses Fecker erzählt hat, dass man noch ganze Bücher füllen könnte. So wurde Albert Einsteins zweite Ehefrau Elsa im selben Jahr wie das Fecker, 1877, in der Schlossstraße 16 geboren. Oder wir erfahren von den regelmäßigen Besuchen der deutschen Physiker um Werner Heisenberg und Carl-Friedrich von Weizsäcker, dem Vater des späteren Bundespräsidenten, die 1944 mitsamt ihren Versuchslaboren aus Berlin nach Hechingen geflüchtet waren, um insgeheim die deutschen Atomversuche doch noch voranzutreiben. Vielleicht sind die bezeugten abendlichen Besuche bei Fräulein Fecker und der gute Württemberger Wein dafür verantwortlich, dass die Forschungen der deutschen Physiker zum Glück nicht mehr erfolgreich waren, bevor die alliierten Truppen 1945 hier eintrafen? So hätte eigentlich das Fecker noch einen Orden verdient …

Gaststätte Fecker

Schlossstraße 8
72379 Hechingen

~

Telefon: 07471 / 9897829

~

www.fecker.pub

~

Öffnungszeiten:
Montag–Freitag
ab 18:00 Uhr
Ruhetage:
Samstag, Sonntag

17

3

Hotel Gasthof Post in Jungingen

In der kleinen Gemeinde Jungingen im Killertal im baden-würt-tembergischen Zollernalbkreis hat sich Stephanie Langbein gemeinsam mit ihrem Mann einen Traum erfüllt. Nach acht Jahren in Berlin, wo beide ein eigenes Restaurant führten, kehrte die gebürtige Burladingerin in ihre Heimat zurück und übernahm das Hotel Restaurant Post in Jungingen. „Wir wollten immer eine Gastronomie mit eigenen Zimmern. Als das Haus 2014 frei wurde, haben wir es uns angeschaut und haben beide im Bauch gespürt, dass es die richtige Entscheidung ist", erklärt die Mutter zweier Kinder den weitreichenden Entschluss, das neue Berliner Zuhause aufzugeben und mit der ganzen Familie nach Schwaben zurückzukehren. Dabei hat die Tatsache, dass mit der Post ein Haus mit jahrhundertelanger Tradition in einem perfekt renovierten Zustand auf sie wartete, mit Sicherheit eine entscheidende Rolle gespielt.

Ursprünglich wurde das Gasthaus 1729 von Bernhard Bumiller als Gasthaus Rössle errichtet. Eine Inschrift im Fachwerk an der Stirnseite des Hauses erinnert bis heute an den Erbauer. Seine Nachkommen folgten ihm als Rössle-Wirte nach, bis der Name im Jahr 1864 in Gasthof Post geändert wurde. An der Dynastie der Bumiller-Wirte änderte das allerdings nichts. Bis 1985 wurde der Betrieb innerhalb der Familie weitergegeben. Die Chronik des Hauses bietet zahlreiche bemerkenswerte Geschichten, angefangen vom amtlichen Postablagebesorger Dyonis Bu-miller, der für die Namensände-rung verantwortlich war, über Eduard Bumiller, der aufgrund seiner äußeren Ähnlichkeit zu Reichskanzler von Bülow „der Reichskanzler vom Killertal"

genannt wurde, bis hin zu Alfred Bumiller, dem Vater der heutigen Besitzerin Ida Diebold, der die Gastwirtschaft durch beide Weltkriege führte. Nach dem Tod Alfred Bumillers 1985 fand sich zunächst kein Familienmitglied, das den Traditionsbetrieb übernehmen wollte, und so wurde das Haus 1994 erstmals seit seiner Erbauung aus der Hand der Familie gegeben. Allerdings dauerte es nur zwei Jahre, bis sich Alfreds Tochter Ida Diebold und ihr Mann ein Herz fassten und die Post zurück in die Familie holten. Sie waren es auch, die in der Zeit von 2000 bis 2003 eine Komplettsanierung des alten Gebäudes durchführten. Aus der Erbauungszeit blieben nur die beiden der Straße zugewandten Seiten des Fachwerkhauses sowie das „Holzgerippe" im Inneren erhalten. Vom Fundament bis zur Einrichtung von Gaststätte und Hotelzimmern und der technischen Ausstattung des gesamten Hauses wurde ansonsten alles auf den neuesten Stand gebracht. Auch diese weitreichenden Umbaumaßnahmen sind heute in einem Riegel des Fachwerks an der Stirnseite verewigt.

Unter anderem wurde die früher hinten an das Fachwerkhaus anschließende Scheune abgerissen und durch einen steinernen Anbau ersetzt, der außen mit dem gleichen Fachwerk wie das Stammhaus verkleidet ist. In diesem Anbau befindet sich der Frühstücksraum für die Hotelgäste, er kann allerdings auch für Veranstaltungen und Feiern gebucht werden. Das Hauptaugenmerk liegt in der Post aber natürlich auf dem historischen Gastraum. Auch wenn die Renovierung keinen historischen Boden oder eine uralte Schanktheke übriggelassen hat, so blieb doch das ursprüngliche Holzgerüst des Hauses stehen. Die in nur knapp zwei Metern über dem Boden hängenden Deckenbalken weisen deutlich darauf hin. Auch die restliche Gestaltung der Stube zeigt, mit wie viel Liebe zum Detail hier gearbeitet wurde, um den traditionellen Charme des Hauses zu erhalten. Das helle Holz von Boden, Theke und Wandvertäfelung wirkt gleichzeitig modern und rustikal und der große Kachelofen verbirgt geschickt die moderne Zentralheizung des Hauses. Während im vorderen Bereich die Polsterung der Stühle und der an der Fensterfront verlaufenden Sitzbank rot ist, wechselt die Farbe im hinteren Bereich zu Blau. Dieser offen mit dem ersten Teil des Raumes verbundene Bereich wird

Oben: Im „blauen Salon" hängen die Porträts früherer Wirte

heute „blauer Salon" oder die „Ahnengalerie" genannt. Hier hängen Porträts der zahlreichen Bumiller-Wirte an der holzvertäfelten Wand. Ein kleines Schildchen mit der Aufschrift „Der Maler dieser Bilder, Herr Schlotterbeck, hatte ziemlich Durst. Er ließ sich die Bilder alle mit Wein bezahlen" weist deutlich darauf hin, dass das Gasthaus Post schon immer ein Ort war, an dem man gerne verweilte. Das hat sich auch unter der Leitung von Stephanie Langbein nicht geändert. Sie bietet ihren Gästen heute eine bodenständige, aber bewusst hochwertige Küche, die sich von anderen Traditionsgaststätten der Region abhebt. Die obligatorischen selbstgemachten Maultaschen oder der Zwiebelrostbraten dürfen nicht fehlen, aber Angebote wie die Sylter Woche, in der Küchenchef Frank Pellin den Gästen ausschließlich Fisch-, Muschel- oder Krabbengerichte kredenzt, unterstreichen die Besonderheit der Post-Küche.

Auch in anderen Bereichen geht die Post eigene Wege und orientiert sich dabei eng an den Bedürfnissen der Gäste. Da der direkt am Haus vorbeiführende WH 1, der Schwäbische-Alb-Nordrand-Weg, zahlreiche Wanderer ins Haus bringt, bieten die Langbeins spezielle Wanderarrangements für ihre Gäste an, die beispielsweise Übernachtungen, Lunchpakete sowie den Transport des Gepäcks ins nächste Hotel beinhalten. Und auch für Golfer, die sich auf den zahlreichen umliegenden Golfplätzen vergnügen, gibt es in der Post spezielle Arrangements.

Doch nicht nur Touristen fühlen sich in der Post wohl. So kommen etwa die Junginger Männer seit jeher jeden Samstag auf das eine oder andere Glas in die Post. Wie der Gasthof selbst, ist auch das Publikum eine Mischung aus Jung und Alt, aus Alteingesessenen und neu Dazugekommenen. Und solange das so ist, weiß Stephanie Langbein, dass sie ihr Bauchgefühl nicht getrogen hat und die Entscheidung, aus der großen Stadt ins beschauliche Jungingen zu ziehen, die richtige war.

Hotel Gasthof Post

Killertalstraße 19
72417 Jungingen

❧

Telefon: 07477 / 92990

❧

www.hotel-post-jungingen.de

❧

Öffnungszeiten:
Täglich warme Küche
11:30–22:00 Uhr

4

GASTSTÄTTE HIRSCH
IN ROTTENBURG AM NECKAR

In der Großen Kreisstadt Rottenburg am Neckar steht seit über 230 Jahren das Gasthaus Hirsch. Wann es genau errichtet wurde, ist nicht mehr eindeutig zu belegen. Sicher ist aber, dass es ohne das Engagement des heutigen Besitzers Udo Schneider schon lange nur noch eine Fußnote in der Rottenburger Geschichte wäre. 1988 kaufte er das baufällige Gebäude, das eigentlich von der Stadt abgerissen werden sollte. Er ließ es unter Denkmalschutz stellen, renovierte das alte Haus und konnte 1990 die feierliche Wiedereröffnung feiern.

Bei den Umbaumaßnahmen fanden die Handwerker unter den Bodendielen des Erdgeschosses einen handgeschriebenen Zettel ihrer Kollegen, die ähnliche Renovierungsarbeiten am Haus bereits in den 1930er-Jahren durchgeführt hatten. Darauf stand zu lesen: „Die Wirtschaft der Brauerei zum Hirsch in Rottenburg wurde umgebaut im März 1936 (…). Im Jahr 1935 feierten wir das 150-jährige Brauerei-Jubiläum und 100-jähriges Wirtschaftsjubiläum". Diese Sätze lassen eine zeitliche Einordnung der Nutzung des Hauses zu, auch wenn die Quellen der Handwerker nicht bekannt sind. Alte Etiketten des Hirschbräus sowie die alten bleiverglasten Fenster im hinteren Bereich der Gaststube geben jedenfalls das dazu passende Jahr 1785 als Gründungsjahr der Brauerei an. Das ist bemerkenswert, weil die erste Erwähnung des Gasthofs Hirsch aus dem Jahr 1741 diesen an anderer Stelle verortet, nämlich am Marktplatz. Damals hielten sich der Fürstbischof von Speyer und Kardinal Hugo von Schönborn als Gast dort auf. Ab 1768 wird ein Josef Florian Gerbert als Gastwirt genannt, der 1769 zusätzlich das Rottenburger Schloss erwarb und dort eine Brauerei einrich-

Drei historische Bleiglasfenster in der Wirtsstube erinnern an die Geschichte des Hauses

tete. Im Jahr 1815 wird der Hirsch letztmalig am Marktplatz erwähnt. Nur drei Jahre später erfährt der Hirsch erneut einen Eintrag in die Chronik der Stadt, diesmal aber als Haus und Brauerei des Gastwirtes Fidel Bosch beim Obertor am Ehinger Platz. Nach dem Abbruch des direkt angrenzenden „Oberen Tors" ließ Bosch das Gebäude im Jahr 1831 dann in seine heutige Form umbauen, wovon der Schriftzug „Fidel Bosch Bierbrauer 1831" über der Eingangstür zeugt. Aus dieser Zeit stammt auch der Ausleger des Wirtshauses, der einen springenden, goldenen Hirsch zeigt. Wann das Haus in seiner ursprünglichen Form errichtet wurde, ist nicht überliefert. Auf einer Stadtansicht vom Ende des 18. Jahrhunderts ist es jedenfalls bereits deutlich erkennbar. Es ist das einzige Haus in Rottenburg, in das sowohl die innere als auch die äußere Stadtmauer integriert ist. In dem Raum zwischen den historischen Mauern war bis zu ihrem Ende in den 1950er-Jahren die Brauerei untergebracht.

Als Udo Schneider das Haus 1988 kaufte, war es Liebe auf den ersten Blick. „Ich habe mir das Haus angesehen und sofort gewusst, dass es meine Aufgabe sein wird, dieses Haus und möglichst viel von der historischen Substanz zu retten", erklärt der gelernte Koch und Geschichtsliebhaber rückblickend. Zwar musste das gesamte Gebäude von Grund auf renoviert werden, trotzdem ist es Udo Schneider in den fast zwei Jahre dauernden Arbeiten gelungen, die ursprüngliche Nutzung der Räume beizubehalten, abgesehen davon, dass im Sudhaus heute nicht mehr gebraut, sondern getrunken wird. Neben den Instandhaltungsarbeiten wurde das alte Haus außerdem an die öffentliche Kanalisation angeschlossen. Bis dahin sorgte eine Sickergrube für die Entwässerung.

In der Wirtschaft, der größten Gaststube des Hauses, erinnern heute der alte Kachelofen, das fein säuberlich freigelegte Fachwerk und die drei Bleiglasfenster im hinteren Bereich an die lange Geschichte. Rund 80 hungrige Besucher können hier in einem angenehm unaufgeregten Ambiente die schwäbische Küche des Hirschs genießen. Neben einer festen Karte gibt es täglich wechselnde Gerichte sowie saisonal variierende Angebote. Als Besonderheit kann man dazu ein „Typisch Hirsch" bestellen, ein Bier, das Udo Schneider nach altem Rezept speziell für die Hirsch-Gäste brauen lässt. An die Tradition des Bierbrauens wird im Hirsch außerdem im Sudhaus erinnert. Hier, zwischen den Teilen der inneren

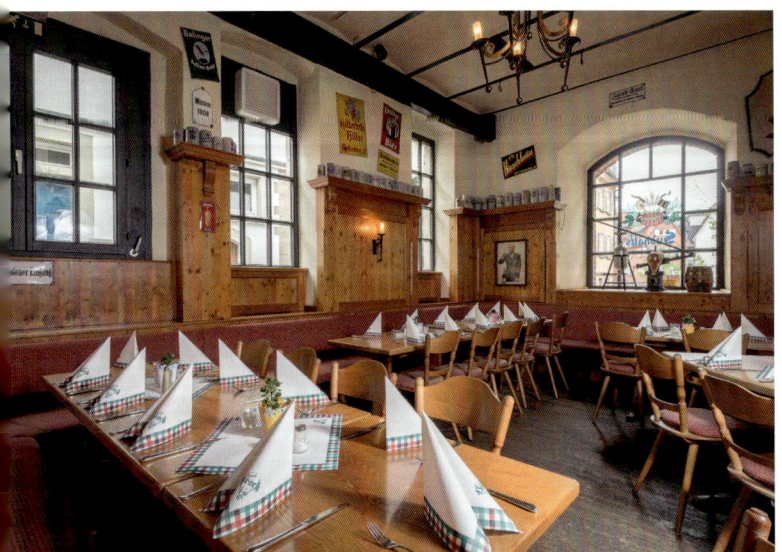

und äußeren Stadtmauer, konnte der originale Braukessel erhalten werden, der seit dem Jahr 2009 offiziell als Kulturdenkmal eingestuft wird. In dem wunderbar renovierten Raum mit eigener Theke, halbhoher Holzvertäfelung und vielen Brauereidevotionalien an der Wand ist der Sudhauscharakter erhalten geblieben, und es ist heute unbestritten der schönste Platz im Haus für echte Bierliebhaber. Die Wände zieren außerdem zahlreiche Brauerei-Schilder aus der privaten Sammlung von Udo Schneider. Darunter befindet sich auch ein Schild der Hirschbrauerei, welches Schneider als erstes Stück seiner Sammlung bereits Jahre vor dem Erwerb der Brauereigaststätte sein Eigen nennen konnte.

Vom Sudhaus aus gelangt man über einige Treppenstufen hinab in die beiden alten Bier- und Weinkeller, die heute zusammen bis zu 70 Gästen Platz bieten und sich sowohl für bierselige Runden als auch für Seminare und Tagungen eignen. Am Treppenabgang in den Gewölbekeller befindet sich der noch heute Wasser führende Tiefbrunnen der einstigen Brauerei. Einer der beiden getünchten Kellerräume ist außerdem für die Ausrichtung von Ritteressen konzipiert und dementsprechend dekoriert. Gruppen ab 15 Personen können sich hier nach vorheriger Anmeldung in die Zeit von Knechten, Mägden und Rittern entführen lassen. In den warmen Monaten bietet der Hirsch auf seiner großen Terrasse weitere 140 Plätze, um in Rottenburgs letzter „Dorfwirtschaft", wie Udo Schneider seinen Hirschen liebevoll selber nennt, einmal richtig die Seele baumeln zu lassen.

Gaststätte Hirsch

Ehinger Platz 17
72108 Rottenburg

∾

Telefon: 07472 / 42415

www.hirsch-rottenburg.de

Öffnungszeiten:
Montag 16:00–23:00 Uhr
Dienstag–Freitag
11:00–23:00 Uhr
Küche 11:30–14:30 Uhr
und 17:00–22:30 Uhr
Samstag, Sonntag und an
Feiertagen durchgehend
11:30–21:30 Uhr

5

Gasthof Lamm

in Tübingen-Unterjesingen

Der Stadtteil Unterjesingen, etwa sechs Kilometer westlich des Zentrums der Universitätsstadt Tübingen, ist unser Ziel. Die Ortschaft hat seit ihrer Eingemeindung 1971 ihren dörflichen Charakter bewahren können. Ein reges Vereinsleben wird gepflegt, und wie seit Jahrhunderten prägt an den hügeligen Ausläufern des Naturparks Schönbuch zum Teil noch Weinbau das Landschaftsbild. Einst ein bedeutender Wirtschaftsfaktor, gibt es immerhin noch einige Nebenerwerbswinzer, die ihren Wein zur Saison in privaten Besenwirtschaften ausschenken.

Über viele Jahrhunderte war der Gasthof Lamm die einzige Schildwirtschaft im Ort. Die Schildgerechtigkeit gab ihm das Privileg und die Aufgabe, Reisende zu verköstigen und zu beherbergen.

Links: Auf dem Ausleger erwartet das Lamm seine Gäste.
Rechts: Gastwirt Volker Theurer beim Prüfen des hausgemachten Whiskys

Das Lamm war stets eine beliebte und gut frequentierte Raststation. Darauf lassen Einträge in alten Dokumenten schließen, wo etwa im Jahr 1730 vermerkt wird, dass der damalige Wirt die immense Summe von 2000 Gulden als Steuer zu entrichten hatte. Dort kehren auch wir heute ein, bei Volker Theurer und Ines Possegger. Die Wirtschaft an der Jesinger Hauptstraße mit der roten Fassade und den grünen Fensterläden ist nicht zu verfehlen. Dass die Ortschaft schon seit jeher mit einem hohen Aufkommen an (Durch-)Reisenden konfrontiert ist, merkt man. Auch heute ist der Verkehr beträchtlich. Zum Glück gibt es genügend Gästeparkplätze und einen lauschigen Innenhof. Augenfällig sind in jedem Fall die großen Whiskyfässer, die sich schon an der Hofeinfahrt aufreihen.

Whiskyherstellung

Längst schon ist die Herstellung des rauchigen Getreidebrands nicht mehr nur Metier nordamerikanischer, schottischer und irischer Destillerien. Auch viele deutsche Brennereien haben sich in den letzten Jahren zunehmend dem goldenen aqua vitae (dt. Wasser des Lebens) und den spezifischen Anforderungen seiner Herstellung zugewandt. Mehrere Hundert Klein- und Kleinstbrennereien gibt es derzeit in Deutschland, die, oft neben anderen Bränden, auch Whisky produzieren. Die Herstellung von Whisky besteht im Prinzip aus sechs Arbeitsschritten: Vorbereiten des Getreides (Mälzen oder Kochen und Darren), Schroten, Maischen, Gären, Destillieren und schließlich Lagern.

Je nach Whiskysorte werden unterschiedliche Getreidesorten verwendet: Gerste, Weizen, Roggen, Hafer oder Mais. Beim Mälzen wird das Getreide befeuchtet und so zum Keimen gebracht. Durch diesen Prozess werden Enzyme aktiviert und die enthaltene Stärke zu Malzzucker umgewandelt. Im Anschluss wird das Getreide beim Darren durch Hitze getrocknet, die Keimung wird dadurch gestoppt. Die Torffeuer, die vor allem auf den schottischen Inseln dazu verwendet werden, verleihen den Scotch Whiskys ihr meist sehr rauchiges Aroma. Beim Schroten wird das Malz zu Mehl zermahlen, um dessen Oberfläche zu vergrößern. Wie beim Bierbrauen wird beim anschließenden Maischen das Schrot mehrfach mit heißem Wasser vermischt und so der Zucker aus dem Getreide gespült. Dann wird die zuckrige Lösung mit den für die Gärung notwendigen Hefekulturen versetzt und für 48 bis 72 Stunden diesem Prozess überlassen, wobei Alkohol und Kohlendioxid entstehen. Das Ergebnis ist eine Art Bier mit einem Alkoholgehalt von 8–11 %. Dieses kann nun destilliert werden.

Der Whisky wird in der Regel zwei- bis dreimal gebrannt, wobei der Alkoholgehalt auf 60–70 % ansteigt. Die darauf folgende, mindestens dreijährige Lagerung in Holzfässern gibt dem Destillat schließlich seinen ganz individuellen Geschmack. Die Holzart, die frühere Nutzung des Fasses, der Lagerort und andere Faktoren spielen eine tragende Rolle beim Reifungsprozess. Für die Herstellung dunkler Whiskys werden beispielsweise ehemalige Sherry- und Portweinfässer benutzt. Bourbon Whiskey hingegen wird ausschließlich in neuen, ausgebrannten Eichenholzfässern gelagert. Die Königsklasse der Scotch Whiskys ist der Single Malt. Er darf nur aus einem einzigen Brand stammen und nur aus Gerste destilliert werden.

1957 kauften Hans und Johanna Theurer aus Jesingen die Gastwirtschaft samt Stallungen und Remisen. Dazu gehörten auch ein Gastpferdestall, eine Scheune und ein großer Gemüsegarten. Haupterwerb waren allerdings Landwirtschaft und Weinbau. Das Gasthaus wurde fortan als Besenwirtschaft genutzt, in der die Theurers saisonal eigenen Wein, Rehbraten aus eigener Jagd und selbst gebrannten Schnaps anboten. Zuletzt war das Wirtshaus verpachtet. Seit 1995 ist Volker Theurer, Enkel der ersten Theurer-Wirte im Lamm, selbst Küchenchef in der Traditionswirtschaft mit Hotel. Regionale Klassiker – Zwiebelrostbraten, Maultaschen und Käsespätzle – munden sowohl ortsansässigen als auch ortsfremden Freunden der schwäbischen Küche. Theurers Spezialität allerdings sind die originellen Destillat-Menüs, bei denen Schweinefilet & Co. mit den selbst gebrannten geschmacksintensiven Hoch-

Der Original Ammertalwhisky „Black Horse" wird im Hause selbst gebrannt und lagert im alten Weinkeller

Rechts: Die gemütliche Gaststube im Lamm

prozentigen verfeinert werden. Mit seinen edlen Tropfen hat sich der Brennmeister in Kennerkreisen überregional einen Namen gemacht. Sein Original Ammertalwhisky „Black Horse" ist auch in diversen Führern zum Thema vertreten. Namenspatron des schwäbischen Getreidebrandes ist Prinz, der Rappe von Großvater Hans Theurer.

Zum Brennen kam Theurer zunächst eher aus Verlegenheit. Ist ein Haus mit dem Brennrecht ausgestattet, muss davon mindestens einmal in zehn Jahren Gebrauch gemacht werden, damit es nicht erlischt. Kurzerhand griff Theurer also zum antiken Brennkessel, und aus den ersten Versuchen war bald professionelle Leidenschaft geworden. Nicht nur Whisky produziert er, die hauseigenen Streuobstwiesen liefern auch eine reiche Grundlage für Obstbrände aller Art. Die Liste ist lang und vielfältig. Sie reicht vom Aprikosengeist über Holunderblütenlikör bis zum Zwetschgenbrand. Mit kurios anmutenden Kreationen wie Brezelschnaps, Bärlauch- und Spargelgeist kommen experimentierfreudige Spirituosenliebhaber voll auf ihre Kosten.

Gelagert werden die feinen Destillate in den alten Weinkellern des Hofs. Dort reifen sie Monate und Jahre in alten Eichenfässern, bis sie schließlich im Hofladen verkauft oder geradewegs in der Küche des Lamms weiterverarbeitet werden. Brennereiführungen und Verkostungen gibt es in verschiedenen Varianten und individuell arrangiert für Gruppen ab zehn Personen. Danach stärkt man sich am besten in der kleinen gemütlichen Gaststube mit ofenfrischen Flammkuchen oder einer deftigen Vespermahlzeit. Hotelfachfrau Ines Possegger hat immer ein offenes Ohr und ein aufmerksames Auge für die Wünsche der Gäste. Volker Theurer besorgt derweil die Zubereitung der Speisen in der Küche. Ansonsten trifft man ihn zumeist in der Scheune nebenan, wo er seine Brennerei eingerichtet hat. Dort wird probiert und sinniert – und mit Sicherheit noch die ein oder andere schmackhafte Spezialität aus dem Hause Theurer destilliert.

Gasthof Lamm

Jesinger Hauptstraße 35–37
72070 Tübingen-Unterjesingen

Telefon: 07073 / 91820

www.lamm-tuebingen.de

Öffnungszeiten:
Montag, Dienstag, Donnerstag–
Samstag
ab 17:00 Uhr
Ruhetage:
Mittwoch und Sonntag
Während der Sommerferien
können die Öffnungszeiten
gegebenenfalls abweichen
(siehe Homepage)

6

Alte Weinstube Göhner
in Tübingen

Ein Besuch in der Universitätsstadt Tübingen lohnt sich immer. Hier verbindet sich „das Flair eines liebevoll restaurierten mittelalterlichen Stadtkerns mit der bunten Betriebsamkeit und dem Lebensgefühl einer jungen Studentenstadt." Tatsächlich ist Tübingen mit knapp 30 000 Studenten bei rund 86 000 Einwohnern statistisch die „jüngste" Stadt Deutschlands. Durch die 1477 gegründete Eberhard-Karls-Universität ist sie zugleich eine der ältesten Universitätsstädte Deutschlands. Schon Hölderlin, Schelling und Hegel teilten sich im Evangelischen Stift in der Altstadt eine Studierstube. Entdeckungen wie die Astronomische Uhr an der Fassade des 500 Jahre alten Rathauses warten auf Besucher buchstäblich fast an allen Ecken der Stadt.

Und mitten in diesem Geflecht aus engen Gassen und Sträßchen finden wir die Alte Weinstube Göhner, die wie ihr Besitzer Helmut Kress, von Freunden „der Poldi" genannt, ein echtes Tübinger Original ist. Bereits seit 1827 ist im Stadtarchiv für das Haus in der Schmiedtorstraße 5 eine Speisewirtschaft mit Bäckerei verzeichnet. 1878 heiratet mit dem Bäckermeister Jakob Göhner aus Ofterdingen erstmals ein später namensgebender Göhner in den Betrieb ein. Gemeinsam mit seiner Frau erwirbt er sich als Wirt einen so guten Ruf, dass er 1919 in den Gemeinderat gewählt wird. Aufgrund der vielen langen und lautstarken politischen Diskussionsrunden, die darauf im Göhner geführt werden, spricht man in der Bevölkerung bald vom Göhner als dem „kleinen Rathäusle". Diese Diskussionsrunden sind es, die den Göhner bis heute als ein Zentrum des gesellschaftlichen Lebens in Tübingen auszeichnen. Immer wieder stehen die kleinen Geschichten der Stadt Tübingen auch mit der Weinstube in Zusammenhang. So ist Jakob Göhners Schwiegertochter Hermine, die das Lokal bis 1971 führen sollte, beispielsweise die zweite Tübingerin, die 1927 den Führerschein machte. Im Jahr 1925 wird dem Göhner das Recht verliehen, in einem Zimmer im ersten Stock auszuschenken. 1952 erfolgt die Lizenz für den Bierausschank. Damit wird der Göhner endgültig zum Treffpunkt in der Tübinger Altstadt. Und noch heute ist die Alte Weinstube, in der gerade einmal 38 Personen Platz finden, Anlaufpunkt für Professoren, Ärzte, Geschäftsleute und Studenten. Dafür, dass sich alle wohlfühlen, sorgt seit 2003 Helmut Kress. Der Ur-Tübinger hatte bereits mehr als 20 Jahre zuvor im Göhner als Kellner gearbeitet, dann aber gemeinsam mit einem Freund ein eigenes Hotel geführt. 2003 kehrte er in sein Viertel in Tübingen zurück und übernahm den Göhner erst als Pächter und drei Jahre später endgültig als Besitzer.

Trotz einiger Veränderungen im Laufe der Zeit erkennt man schon beim Betreten der Weinstube, was Helmut Kress am Herzen liegt: nämlich die Weinstube mit all ihrem bald 200-jährigen Charme zu bewahren und den Göhner so zu führen, wie es Generationen von Gastwirten vor ihm getan haben.

*Musik spielt im Göhner immer
eine Rolle: Geschnitzte Musiker auf der Lampe über dem
Stammtisch*

Kress schließt den kleinen Raum
im Obergeschoss, wo sich jetzt
nur noch die Küche befindet.
Die urschwäbischen Gerichte
der Weinstube, Maultaschen,
Linsen und Kutteln, gelangen
per handbetriebenem Speiseauf-
zug in die Gaststube. Dabei hat
so manche Maultasche aus Helmut Kress' Produktion mittler-
weile einen deutlich weiteren Weg vor sich. „Egal ob Zürich, Berlin oder Sylt, wir bekommen aus
allen Ecken Europas mittlerweile Bestellungen von Leuten, die hier einmal gegessen haben und die
Maultaschen immer wieder haben möchten. Für uns ist das kein Problem. Wir produzieren selbst und
verschicken sie dann per Express", freut sich Kress über die weitläufige Anerkennung seiner schwäbischen Klassiker, die er traditionell mit Schwein, Rind oder Lamm, aber auch saisonal mit Spargel oder
Spinat füllt. Und wer im Göhner isst, der bekommt dazu einen Wein aus der Region, denn etwas
anderes als Baden-Württembergische Weine kommen bei Helmut Kress nicht auf den Tisch.

In der eigentlichen Gaststube hat sich baulich in den letzten knapp 200 Jahren nicht viel verändert. Die Decke des Gastraums
hängt noch immer so niedrig,
dass große Menschen aufpas-
sen müssen, sich nicht den
Kopf zu stoßen. Ein massiver
Holzstammtisch steht vor der
kleinen Theke, eine Lampe mit
handgeschnitzten Figuren
hängt darüber. Auf der etwa
dreiviertelhohen Holzvertäfelung stehen Erinnerungsbilder
an Feste und Menschen, die
den Göhner geprägt haben.
Zwischen Decke und Holzvertäfelung zieht sich alte Bauern-
malerei einmal rund um den

Raum. Die Wandmalerei spiegelt die Zeigeschichte wider und wurde laut Chronik des Göhners zwischen 1920 und 1940 von einem namentlich nicht genannten Gast angefertigt. Statt seines Lohns ließ es sich der Künstler dafür auf Jahre in der Weinstube gut gehen, sodass er seinen Lohn schlussendlich vertrunken haben wird. Neben dem Gastraum verfügt die Weinstube noch über einen kleinen Nebenraum, der gemietet werden kann. Besonders die in Tübingen noch immer aktiven Studentenverbindungen machen hiervon regen Gebrauch, sodass an den alten Balken mittlerweile zwei Degen für ihre Rituale dauerhaft angebracht sind. Aber auch Cineasten könnte die Alte Weinstube Göhner bekannt vorkommen. Der Kinofilm „Wer wenn nicht wir" aus dem Jahr 2011 wurde zum Teil hier gedreht. Dafür wurde das Traditionshaus in eine Weinstube im Chic der 1960er-Jahre verwandelt – eine Verwandlung, die mit der Realität zum Glück nicht viel gemein hat. Denn in der Alten Weinstube Göhner achtet Helmut „der Poldi" Kress penibel darauf, dass sich seine Gäste wohlfühlen – und zwar im Chic des ausgehenden 19. Jahrhunderts.

Alte Weinstube Göhner

Schmiedtorstraße 5
72070 Tübingen

~

Telefon: 07071 / 567078

~

www.alteweinstubegoehner.de

~

Öffnungszeiten:
Dienstag–Sonntag
11:30–14:30 Uhr
und 18:00–24:00 Uhr
Ruhetag: Montag

7

Tübinger Wurstküche
in Tübingen

Die Universitätsstadt Tübingen ist ein Ort mit langer Geschichte und reichem kulturellen Erbe. Die vollständig erhaltene historische Altstadt mit den vielen restaurierten Fachwerkhäusern, die Stifts- und die Jakobuskirche aus dem 14./15. Jahrhundert, das aus dem Augustinerkloster des 13. Jahrhunderts hervorgegangene Wilhelmsstift sowie das Neckarufer mit dem bekannten Hölderlinturm und die mächtige Anlage von Burg und Schloss Hohentübingen spiegeln die Geschichte der Großen Kreisstadt und sind Magneten und Fotomotive für ungezählte Besucher. Das sah vor etwas mehr als 200 Jahren allerdings noch ganz anders aus. Damals, im Jahr 1797, besuchte Johann Wolfgang von Goethe auf Anraten seines Freundes Friedrich Schiller den Buchhändler und Verleger Johann Friedrich Cotta in Tübingen. Und wenn er auch von den großen Prunkbauten der Vergangenheit sehr angetan gewesen sein soll, so scheint ihn die Stadt an sich nicht sonderlich beeindruckt zu haben. An seine spätere Ehefrau Christiane Vulpius schrieb er: „Die Stadt selbst ist abscheulich, allein man darf nur wenige Schritte tun, um die schönste Gegend zu sehen." Aber natürlich muss man das harsche Urteil des großen Geistes vor dem Hintergrund der Zeit sehen. Die heute so sorgsam konservierte und restaurierte Fachwerkbauweise war damals, lange vor der Erfindung des Denkmalschutzes, weit verbreitet und in vielen deutschen Städten Standard.

Und so geschah es, dass genau zu der Zeit von Goethes Besuch das dreistöckige Fachwerkhaus des Ratsverwandten und Landumgelters Johann Friedrich Kierecker am Lustenauer Tor fertiggestellt wurde. Bis zu seinem Tod im Jahr 1817 lebte und arbeitete der spätere Tübinger Bürgermeister in dem Haus, das heute unter dem Namen Tübinger Wurstküche auf eine gut 200-jährige Wirtshausgeschichte zurückblicken kann und mit seiner wunderbar erhaltenen Fassade ein Schmuckstück in der historischen Kulisse der Tübinger Altstadt darstellt. Bereits im Jahr 1808 hatte dort der letzte hochfürstliche Tübinger Ballmeister, Heinrich Rudolf Keller, im ersten Obergeschoss das „neue Ballhaus", eine Art staatlich geförderten Billardraum, einrichten lassen. Hier unterrichtete der Ballmeister, ein Lehrer für damals angesagte Ballsportarten, adelige Sprösslinge vornehmlich im Billardspiel und verdiente sich mit dem Ausschank von Erfrischungen als eine Art Kneipier ein Zubrot. Dazu hatte Keller 1807 als Pächter die Schildwirtschaftsgerechtigkeit für das Anwesen erworben. Nach dem Tod Kiereckers ging das Haus in den Besitz Kellers über und die lange Wirtshausgeschichte mit zahlreichen Namensänderungen und verschiedenen Ausrichtungen nahm ihren Anfang.

1852 übernahm der Cafetier Wilhelm Keller den Betrieb, aus dem dessen Sohn Julius Keller ab dem Jahr 1883 das Café zum Ballhaus und später vorübergehend das Café Keller machte. Um die Jahrhundertwende gaben sich die Wirte, dann wieder im Ballhaus, förmlich die berühmte Klinke in die Hand, bis Anna Schayrer 1928 aus der Restauration und Schankwirtschaft ein Hotel machte. 1932 wurde der Name von Besitzer Karl Riehle in Gasthof zum Deutschen Haus geändert, bevor

er nur ein Jahr später vom neuen Besitzerehepaar Braun in Hotel Deutsches Haus umbenannt wurde. In den folgenden Jahrzehnten führten mangelnde Investitionen dazu, dass das Traditionshaus in den 1970er-Jahren vor dem Aus stand. Die hoffnungslose Überalterung des gesamten Innenlebens des denkmalgeschützten Hauses schreckte alle potentiellen Investoren ab, und erst 1978 konnte die Stadt Tübingen mit den Münchner Großgastronomen Kaub & Kuffler neue, investitionswillige Partner an Bord holen. Diese krempelten das Traditionshaus vollständig um und führten im Inneren eine Komplettsanierung durch. Nur die Fachwerkfassade erstrahlte im Anschluss noch im historischen Glanz. Ihr Ziel war es, in dem nun unter dem Namen Wurstkuchl firmierenden Betrieb, nach Regensburger Vorbild, in Tübingen bayerische Küche samt Kellerlokal anzubieten. Das Pilotprojekt, wie es die Gastronomen damals selbst nannten, endete 1986 mit dem Verkauf an die Schönbuch Braumanufaktur, damals noch Schönbuchbrauerei Böblingen.

Dann, exakt 170 Jahre nach dem Tod des Erbauers Johann Friedrich Kierecker, übernahm im Spätsommer 1987 der gelernte Koch und Hotelkaufmann Gunter Alleborn die Geschäfte. Er stellte wieder die heimische schwäbische Küche in den Mittelpunkt und gab dem Haus den bis heute gültigen Namen Tübinger Wurstküche. Frische und Regionalität sind Alleborn wichtig, und so entschied er sich, seine Küche auf den Produkten der Umgebung aufzubauen. Die Tübinger Wurstküche mit ihrer bodenständigen Kochkunst ist heute Mitglied der Kooperation „Schmeck den Süden" Baden-Württemberg sowie der Kooperation „Haus der Baden-Württemberger Weine" und beteiligt sich an der Aktion „Regionale Speisekarte".

Einen nicht ganz so großen Schwenk machte Alleborn bei der Gestaltung seiner Gasträume. Diese präsentieren sich, abgesehen von der Dekoration, im Großen und Ganzen, wie nach der Renovierung von 1978. Aus dem Kellerlokal wurde „'s Urige Stüble", und der Gastraum im Erdgeschoss wurde zum „Oberstüble". Beide Gasträume sind holzverkleidet und ganz im Sinne einer traditionellen, urigen Wirtschaft gestaltet. Im Oberstüble finden 95 Personen Platz an schweren Tischen und auf der umlaufenden Sitzbank. Als Dekoration dient eine Mischung aus alten landwirtschaftlichen

Links: Das „Urige Stüble" im Keller mit alten Bildern aus der Stadt.
Rechts: Das „Oberstüble".
Unten: Wirt Gunter Alleborn

Gerätschaften und den Utensilien einer echten historischen Wurstküche. Pfannen, Töpfe und Kellen wechseln sich mit Familienerbstücken und alten Bildern von Lokal und Stadt ab.

Ähnlich sieht es im Keller aus. Hier passt der Name uriges Stüble perfekt. Auch hier vermittelt das 1979 eingebaute Holz das Flair einer über Jahrhunderte gewachsenen Wirtsstube, finden sich alte Familienerbstücke und die Geschichte dokumentierende Bilder. Dazu kommen noch Dekorationsgegenstände aus dem Brauereiwesen, Steingutkrüge und alte Flaschen der Besitzerbrauerei. Der Keller hat eine eigene Theke und einen separaten Eingang. Zusätzlich bietet Alleborn seinen Gästen im Sommer zahlreiche Terrassenplätze direkt vor dem Haus im Herzen Tübingens.

Vermutlich hätte sich hier auch der große deutsche Dichter wohlgefühlt, und wahrscheinlich wäre sein Urteil über die Stadt, nach einem Münsinger Alb-Lamm mit hausgemachten Spätzle aus der Küche von Gunter Alleborn, auch deutlich gnädiger ausgefallen.

Tübinger Wurstküche

Am Lustnauer Tor 8
72074 Tübingen

Telefon: 07071 / 92750

www.wurstkueche.com

Öffnungszeiten:
Täglich 11:00–24:00 Uhr

8

Schwanen-Bräu Bernhausen in Bernhausen

In Filderstadt, südlich der Landeshauptstadt Stuttgart, wartet die Brauereigaststätte Schwanen-Bräu mit einer Besonderheit auf: Das Gasthaus ist über 100 Jahre älter als die Stadt, in der es steht. Filderstadt, verkehrsgünstig direkt an der B27, der Autobahn A8, nahe dem Flughafen Stuttgart und der neuen Stuttgarter Messe gelegen, wurde erst 1975 im Rahmen der Gemeindereform gegründet. Damals wurden die Gemeinden Bernhausen, Bonlanden, Harthausen, Plattenhardt und Sielmingen zusammengelegt, ein Jahr später erhielt die neue Gemeinde das Stadtrecht. Zu diesem Zeitpunkt wurden im Schwanen in Bernhausen bereits seit 112 Jahren Gäste bewirtet. 1863 bekam der Metzger Johann Georg Stoll die Konzession zum Betrieb der Speisewirtschaft zum Schwanen. Im Jahr 1897 kauften Abraham und Marie Braun das Fachwerkhaus, das seither im Familienbesitz ist und über weite Teile der Geschichte auch von der Familie selbst betrieben wurde. 1987 pachtete der Bayer Klaus Stadler das alte Wirtshaus

und gründete die Hausbrauerei Stadlerbräu – die erste bayerisch-schwäbische Wirtshausbrauerei. Im Jahr 2005 übernahm dann Markus Reuss die Wirtschaft und Brauerei, ein Jahr später stieß Melanie Binder zum Team. Gemeinsam krempelten sie den etwas in Schieflage geratenen Betrieb um, kehrten zum ursprünglichen Namen zurück und betreiben heute im Schwanen-Bräu sowohl eine Wirtschaft als auch eine Brauerei.

Dabei war es vor allem das alte Haus, was Markus Reuss 2005 dazu bewegte, sich im Schwanen zu verwirklichen. „Die Vielfältigkeit der Räume hat mich fasziniert. Ich habe sofort Bilder vor Augen gehabt, was man hier alles machen könnte", erklärt der Pächter. Gesagt, getan. Heute stehen dem Gast insgesamt 220 Plätze in sieben unterschiedlich gestaltete Räumen und ein Biergarten mit rund 170 Plätzen zur Verfügung.
Der erste Raum des Hauses ist das Sudhaus, wo die Schanktheke und die großen Kupferkessel stehen, in denen der Diplombraumeister Mark Schlaipfer das Schwanen-Bräu herstellt. In dieser urigen Wirtsstube, die zum Teil mit dunklem Holz vertäfelt ist, dreht sich auch in der Dekoration alles um das eigene Bier. Flaschen, Krüge und Brauereiequipment zieren Wände und Ablagen. Über eine Treppe gelangt man in den Bierhimmel, einen Gastraum mit 50 Plätzen unter einem weiß-blauen Himmel. Der sogenannte „Gambrinus-Thron" bietet hier ein kleines Separee für zwei Personen. Passend zum Thema wachen als Dekoration diverse Engel auf Bildern und als Figuren über die Gäste. In der anschließenden Braumeisterstube dominiert ein gekachelter Kamin, in dem früher Enten gebraten wurden und von wo heute Kerzen warmes Licht auf die mit schwarzem Leder bezogene umlaufende Sitzbank werfen. Das sichtbare Fachwerk der Außenwände steigert den Wohlfühlfaktor zusätzlich. Das persönliche Lieblingszimmer des passionierten Jägers Markus Reuss ist die Jagdstube, in der die von ihm geschossenen Trophäen die Wände zieren. Über der langen Tafel des kleinen Raums hängt ein Leuchter und sorgt zusammen mit den gepolsterten Stühlen für stilvolle Atmosphäre ein wenig abseits des Wirtshaustreibens. Gegenüber der Jagdstube befindet sich, passend zur Brauerei, das Malzlager. Es ist der größte Raum des Obergeschosses für etwa 50 Gäste. Ein gerahmter Hopfensack aus dem Jahr 1988, in dem die Brauerei eröffnet wurde, ist hier das auffälligste Dekorationsstück.

Im Keller stößt man auf ein traditionelles Schmuckstück: Emmas Kneipe. In dem ganz in Terrakottafarben gehaltenen Untergeschoss feiern die Bernhäuser bereits seit 70 Jahren. Markus Reuss hat daraus einen Veranstaltungsraum mit eigener Theke und angeschlossenem Weinkeller gemacht, in dem immer wieder zu Livemusik bis spät in die Nacht gefeiert wird. Die für eine Brauereigaststätte überraschend große Weinauswahl ist Markus Reuss' ganzer Stolz, und in der kleinen Weinlounge des Kellers kann man die große Auswahl der Rot-, Weiß- und Roséweine der Region kennenlernen. Zwar liegt der Fokus im Schwanen-Bräu ganz klar auf dem eigenen Bier, aber auf der abwechslungsreichen Karte findet man zwischen den schwäbischen Klassikern Rostbraten und Käsespätzle auch Gerichte wie Kaninchen in Thymiansoße mit gebratenem Spargel und Rosmarinkartoffeln, zu denen sich eben auch im Brauhaus ein ausgesuchter Wein anbietet. Da die Emma während der Sommermonate geschlossen hat, weicht man hierfür bei warmen Temperaturen in den Biergarten aus. Hier lässt sich im Schatten der großen Schirme das reichhaltige Angebot des Traditionshauses am besten genießen. Und das in einem Ort, der 112 Jahre jünger ist als sein Brauereiwirtshaus!

Schwanen-Bräu Bernhausen

Bernhäuser Hauptstraße 36
70794 Bernhausen

Telefon: 0711 / 706954

www.schwanen-braeu.de

Öffnungszeiten:
Montag–Donnerstag
16:00–24:00 Uhr
Freitag–Sonntag und an
Feiertagen
11:00–24:00 Uhr

9

Rosenhäusle
in Esslingen

In der Altstadt von Esslingen am Neckar stehen, neben Limburg an der Lahn und Göttingen, die ältesten Fachwerkhäuser Deutschlands. Sie wurden bereits im 13. Jahrhundert errichtet. Das historische Wahrzeichen der heute etwa 90 000 Einwohner zählenden Großen Kreisstadt ist die mittelalterliche Burg mit ihrem „dicken Turm". Die Burg thront als Teil der ehemaligen Stadtbefestigung auf dem Schönenberg oberhalb der Altstadt. Erstmals werden die Befestigungsanlagen 1241 urkundlich erwähnt, nachdem die Reichsstadt 1228 vom Stauferkaiser Friedrich II. zur Stadt erhoben wurde. Dadurch waren Spannungen mit den lokalen Fürstenhäusern vorprogrammiert, und so entschied man sich zum allmählichen Ausbau der Verteidigungslinien. Bereits um 1330 galt Esslingen mit 28 Toren und 50 Verteidigungstürmen als uneinnehmbar. 1519 hielt die Verteidigung dem Angriff des Herzogs Ulrich von Württemberg stand, kurz darauf, im Jahr 1527, wurde der Dicke Turm errichtet. Mit der Weiterentwicklung der Waffentechnologie wurden die traditionellen Mauern aber zusehends obsolet. Trotzdem blieb die Esslinger Verteidigungslinie noch vergleichsweise lange erhalten und war erst in der Mitte des 19. Jahrhunderts auf ihre heutigen „Überbleibsel" reduziert. Dem Dicken Turm wurde im Jahr 1887 sein Turmhelm aufgesetzt,

und in jüngerer Zeit war hier von 1977 bis 2011 ein Restaurant beheimatet. Seither ist er für die Öffentlichkeit gesperrt. Der Rest des zum Teil wunderbar begrünten Areals ist hingegen frei zugänglich. Zu Fuß ist die Anlage über die Burgsteige zu erreichen, die sich durch die Weinberge Richtung Esslinger Marktplatz schlängelt. Sie endet an der Gabelung der Straßen Obere Beutau und Mittlere Beutau, direkt vor dem Eingang der Traditionswirtschaft Rosenhäusle.

Hier verköstigte laut Esslinger Häuseranschlagsprotokoll von 1773 der Metzger und Gastwirt Jacob Geysel die Gäste in seinem „Roßen". Gemeinsam mit der Witwe seines Kollegen Johann Georg Rucken führte er nebenan unter gleichem Namen auch noch eine Herberge. Seither wurde an dieser Stelle, wo sich Obere und Mittlere Beutau treffen, immer ein Wirtshaus betrieben. Unter dem Namen Goldene Rose erwarb sich das Haus auch im 20. Jahrhundert einen guten Ruf, und doch schien die Geschichte um die Jahrtausendwende kein gutes Ende für das dreistöckige Fachwerkhaus zu nehmen. Viele Pächterwechsel und langer Leerstand hatten dazu geführt, dass das Gebäude schließlich von der Stadt Esslingen gekauft und anschließend versteigert wurde. Aber mit Bettina Witthuhn, die das Objekt 2007 zur Pacht übernahm, kam frischer Wind in das Traditionshaus. Sie änderte den Namen in Rosenhäusle und machte ihr Wirtshaus zu einem Anlaufpunkt für Liebhaber der ursprünglichen schwäbischen Küche. Von Maultaschen über Saure Kutteln bis zum Zwiebelrostbraten zaubert Witthuhn in der Küche alle Traditionsgerichte, und das wissen sowohl die Einheimischen als auch die vielen in der Region beheimateten Firmen zu schatzen, die mit ihren Gästen regelmäßig ins Rosenhäusle kommen.

Das Rosenhäusle verfügt über zwei Gasträume, die durch die Hanglage des Hau-

ses auf zwei Eben liegen. Bettina Witthuhn spricht trotz des geringen Höhenunterschieds von nur vier Treppenstufen gerne von der oberen und der unteren Stube. Die obere Wirtsstube wurde erst in den 1980er-Jahren hinten an das bestehende Haus angebaut, da sich dieses mittlerweile bedenklich hangabwärts geneigt hatte. Die Wirtsstube dient quasi als eine Art Gegengewicht, um die weitere Neigung des Hauses zu verhindern. Der Anbau ist heute noch an dem gut einen Meter tiefen Durchgang durch die ehemalige rückwärtige Außenwand von der alten in die neue Stube erkennbar. Dieser obere Gastraum wird besonders gerne für Familien- oder kleine Firmenfeiern gemietet. In der unteren Stube wird hingegen bereits seit Jahrhunderten gegessen und getrunken. Eine kleine Theke steht auf der einen Seite des kleinen Raums, ihr gegenüber finden etwa 30 Gäste an den Tischen einen Platz. Die halbhohe Holzvertäfelung aus der Zeit um 1900 ist hier das letzte noch sichtbare Zeugnis der langen Geschichte der gemütlichen Stube.

Den schönsten Blick auf die geschichtsträchtigen Teile des Hauses hat man im Rosenhäusle, wie auch sonst so oft, auf der Terrasse. Zwischen Burgsteige und Wirtshauseingang sitzt man hier vor dem mindestens 250 Jahre alten, hervorragend erhaltenen Fachwerk des Hauses und kann sich bei ein paar hausgemachten Hergottsbscheißerle von der Besichtigung der Burg und der vielen historischen Häuser der Altstadt erholen und den Blick schweifen lassen.

Rosenhäusle

Obere Beutau 1
73728 Esslingen

Telefon: 0711 / 74057554

www.rosenhaeusle.de

Öffnungszeiten:
Montag, Mittwoch–Samstag
17:00–23:00 Uhr
Sonntag 11:30–14:00 Uhr
und 17:00–22:00 Uhr
Ruhetag: Dienstag

10

Restaurant Palmscher Bau in Esslingen

Die große Kreisstadt Esslingen am Neckar gehört zu den glücklichen deutschen Städten, die den Wirren und Zerstörungen der großen Kriege der Vergangenheit größtenteils entgehen konnten. Als Wallfahrtsort wuchs Esslingen seit dem Mittelalter schnell zu einer beträchtlichen Größe an und entwickelte sich als Handelsplatz prächtig. Da auch die Zerstörungen des Zweiten Weltkriegs an den Gebäuden der Stadt weitgehend vorüber gingen, bietet die Altstadt heute einen fast lückenlosen Blick auf die Architektur der vergangenen 1200 Jahre. Daran hat auch der große Stadtbrand von 1701 nichts geändert, denn mehr als 200 Fachwerkbauten aus dem 13. bis 16. Jahrhundert zeugen vom traditionellen Wohlstand der Stadt im Mittelalter. Unter anderem können Besucher in Esslingen das älteste bekannte Fachwerkhaus sowie die älteste zusammenhängende Fachwerkhäuserzeile Deutschlands bewundern. Es ist daher fast müßig zu erwähnen, dass Esslingen an der Deutschen Fachwerkstraße liegt.

Zwischen all den Kirchen, Pfleghöfen, Brunnen, Stadthäusern und Türmen der Altstadt befindet sich auch das Restaurant Palmscher Bau. Es wurde nach dem Brand von 1701 von Freiherr Jonathan von Palm als Stadtpalast im Stil der Spätrenaissance errichtet und ab 1719 von ihm und seiner Familie bewohnt. Es gehörte zu den modernsten Häusern seiner Zeit und verfügte bereits über zahlreiche moderne Annehmlichkeiten wie fließend Wasser und sanitäre Anlagen. Die Palms waren Mitglieder einer zu jener Zeit in Esslingen hochangesehenen Adelsfamilie, die als Bankiers und Diplomaten innerhalb von drei Generationen vom Esslinger Bürgerstand in den Reichsadelsstand aufstiegen. Das Neue Esslinger Rathaus wurde beispielsweise im Jahr 1751 von Gottlieb von Palm, einem Neffen von Jonathan von Palm, ebenfalls als Stadtpalast fertiggestellt. Seit 1841 dient er als Rathaus.

Für Garderobe
keine Haftung

Im Palmschen Bau war zeitweise die Thurn und Taxis'sche Poststation untergebracht, bevor 1862 die Dingliche Schildwirtschaftsgerechtigkeit erteilt wurde. Seither beherbergt das alte Stadthaus offiziell eine Wirtschaft mit Biergarten, wobei aber davon auszugehen ist, dass die Reisenden und Kutscher hier bereits zuvor mit Speis und Trank versorgt wurden. Seit 1985 wird der Palmsche Bau von Pächter Frank Jehle geführt, der mit der Übernahme eine Grundsanierung und komplette Neugestaltung der Wirtsstuben durchführen ließ. Seither verfügt der Palmsche Bau über vier separate Wirtsstuben, die thematisch jeweils einem geschichtlichen Aspekt des Hauses oder der Stadt zugeordnet sind. Insgesamt ist der Palmsche Bau im Stil einer traditionellen schwäbischen Wirtschaft mit viel massivem Holz ausgestaltet. Das wird bereits in der zentralen Schwabenbräu-Stube, von der die anderen Räume abgehen, deutlich. 110 Personen finden hier an den Tischen vor der holzvertäfelten Theke Platz. Der Charme der Stube wird durch die Dekoration mit Originalbildern aus dem Brauereimuseum der mittlerweile nicht mehr existierenden Schwabenbräu Brauerei verstärkt. Da das Haus bis zu deren Ende 1985 der Brauerei gehörte, finden sich neben historischen Ansichten des Gebäudes auch alte Werbeplakate.

Eine ähnliche Dekoration weist die Kessler-Stube auf. Dieser durch Vorhänge von der Schwabenbräu-Stube getrennte Raum ist der ältesten Sektmanufaktur Deutschlands, der Kessler Sektkellerei, gewidmet. Sie wurde 1826 von Georg Christian von Kessler im benachbarten Kesslerhaus gegründet, wo sie sich noch heute befindet. In dem beeindruckenden Kellergewölbe aus dem 13. Jahrhundert unter dem Fachwerkhaus werden bis heute tausende Flaschen Sekt höchster Qualität gelagert. Das Kesslerhaus ist nur wenige Schritte vom Palmschen Bau entfernt und kann vom Biergarten aus betrachtet werden. Auch in der Kessler-Stube hängen an den hölzernen Wänden gerahmte Originale, wie das erste Piccolo-Werbeplakat. Dazu kommen Bilder aus der Geschichte des Hauses und der Stadt. Abgerundet wird das Bild der gemütlichen Stube durch einen Ofen, der alt aussieht, im Winter aber mit modernster Technik wärmt.

Die Kessler-Stube ist nach der im Nachbarhaus beheimateten ältesten Sektmanufaktur Deutschlands benannt

Gegenüber der Kessler-Stube befindet sich die Postmichel-Stube. Sie erinnert an die bekannteste Esslinger Sagenfigur. Der Postreiter soll einst zu Unrecht eines Mordes beschuldigt und dafür geköpft worden sein. Von da an suchte er den wahren Täter und seinen Henker einmal im Jahr am Michaelstag als kopfloser Postreiter heim, bis sich der Täter eines Tages zu erkennen gab. Seither wurde der Geist nicht mehr gesehen. Dieser Geschichte ist auch der nur wenige Meter vor dem Eingang des Palmschen Baus stehende Postmichel-Brunnen gewidmet. Der mit einem weißen Ofen bestückte Raum im Palmschen Bau ehrt den Postmichel mit zahlreichen alten Posthörnern an den Wänden.

Die Freiherr-von-Palm-Stube ist das einzige Zimmer, das durch eine Tür vom Rest der Wirtschaft wirklich getrennt werden kann. Hier hat Frank Jehle nach Einführung des Rauchverbots für die kalten Monate einen Raucherbereich mit Loungecharakter eingerichtet. Dabei kombiniert die holzvertäfelte Stube den urigen Charme von schwerem Holzmobiliar, Kassettendecke und umlaufender Sitzbank mit dem modernen Touch von schwarzen Lederbezügen auf einem dunklen Korbsofa.

Im Sommer bietet der Biergarten 300 schattige Plätze unter drei mächtigen Kastanien inmitten der Esslinger Altstadt. Von jedem Platz aus sind beispielsweise das benachbarte Kesslerhaus oder die Stadtkirche zu sehen, und der auf der anderen Seite ruhig vorbeiziehende Kanal macht den Garten zu einer Oase der Ruhe im regen Treiben der Stadt. Egal, ob man im Palmschen Bau nun eine schwäbische Vesper bevorzugt, die regionale und internationale Küche von Frank Jehle genießen oder während eines Stadtbesuchs nur auf ein Bier oder einen Wein einkehren möchte: Der Biergarten des Traditionshauses ist immer einen Besuch wert!

In der Schwabenbräu-Stube erinnert die Dekoration an die einstige Brauerei

Restaurant Palmscher Bau

Innere Brücke 2
73728 Esslingen

∾

Telefon: 0711 / 350245

∾

www.palmscher-bau.de

∾

Öffnungszeiten:
Täglich 11:00–24:00 Uhr
Samstag bis 01:00 Uhr
Durchgehend warme Küche

11

Weinkeller Einhorn

in Esslingen

Esslingen am Neckar besticht nicht nur durch eines der besterhaltenen und ältesten Ensembles alemannischer Fachwerkhäuser in Deutschland, sondern gilt auch als eine Stadt des Genusses. Mit der Firma Kessler beheimatet Esslingen seit 1826 Deutschlands älteste Sektkellerei, die ihre Reben bis heute im alten Speyerer Pfleghof keltert. Überhaupt hat der Weinbau in Esslingen eine lange Tradition, und die hohe Qualität der Erzeugnisse der Winzer ist weit über die Region hinaus bekannt. Bereits in der ersten urkundlichen Erwähnung Esslingens aus dem Jahr 777 fanden Historiker Hinweise auf den Weinanbau. Es wird vermutet, dass Mönche die ersten Weinreben mitbrachten, die seither an den Terrassen-Steillagen entlang der Stadt kultiviert werden. Schon im Mittelalter beruhte ein Großteil des Esslinger Wohlstands auf der Produktion und dem Export des Weins, beispielsweise nach Bayern oder ins Elsass. Heute werden rund um die Stadt die Weißwein-Rebsorten Kerner, Müller-Thurgau, Riesling, Ruländer und Traminer angebaut. Traditionsgemäß wachsen an den Hängen außerdem die roten Trauben Lemberger, Portugieser, Spätburgunder und Trollinger.

Was liegt also näher, als hier in Esslingen eine Weinstube in einem historischen Gebäude zu eröffnen, um so die herausragendsten Merkmale der Stadt zu verbinden? Das dachte sich auch Fritz Weiß, als er 1980 den ältesten Weinkeller

Esslingens im Haus zum goldenen Einhorn kaufte, um darin seine eigene Weinstube zu eröffnen. Allerdings dürfte bei ihm auch die Tatsache mitgespielt haben, dass er zuvor eine Frau kennengelernt hatte, die in einer anderen Gastwirtschaft arbeitete und die ihm einfach gar zu gut gefiel, als dass er für sie nicht gerne eine eigene Gastronomie aufgemacht hätte. Bis heute hat sich daraus der von Fritz Weiß' Sohn Moritz geführte Weinkeller Einhorn entwickelt, in dem im Prinzip drei einzigartige Lokale unter einem Dach zusammengefasst sind.

Alles begann mit der drei Jahre dauernden Renovierung des Kellers aus dem Jahr 1283. 1983 eröffnete Weiß dann zusammen mit seiner späteren Frau das erste Kellerlokal Esslingens, den Weinkeller Einhorn. „Damals gab es bei uns nur Wein und Käsehäppchen", erinnert er sich. Der Weinkeller ist bis heute ein wahres Schmuckstück. Über 700 Jahre durchgehende Nutzung haben die Stufen des Abgangs mittlerweile abgerundet, und der von Weiß verlegte Korkboden passt wunderbar zu den nackten Sandsteinquadern des Gewölbekellers. Zahlreiche Kerzen sorgen für eine warme Beleuchtung und machen den Keller gerade spät am Abend noch zu einem beliebten Ziel für Paare, die ungestört ein Glas Wein trinken möchten. Eine eigene Theke im Keller erspart den Bedienungen lange Wege zur Bar im Erdgeschoss. Diese wurde fünf Jahre nach Eröffnung des Kellers gemeinsam mit einer Küche eingerichtet, nachdem die Häppchen den Anforderungen der Kellergäste nicht mehr genügten. Dazu baute Weiß das Erdgeschoss des 1598 auf dem Keller errichteten Hauses um. Hier waren vermutlich bereits seit dem 17. Jahrhundert eine Bäckerei sowie die Wohnungen der Bediensteten untergebracht. Ein riesiger, weißgekachelter Backofen gibt der Backstube, in der rund 50 Personen Platz finden, ihren Namen. Den Ofen hat man im Laufe der Jahrhunderte immer wieder umgebaut, so beispielsweise 1912, als er zum Dampfbackofen aufgerüstet wurde. Heute wird das historische Stück, im Gegensatz zu seiner ursprünglichen Bestimmung, als Kühlhaus genutzt, zeigt aber immerhin an der zum Gastraum weisenden Seite historisches Bäckereizubehör als Dekoration.

Bei der Renovierung des Erdgeschosses legte Weiß außerdem eine bemalte Balkendecke aus dem Jahr 1610 frei, die Anfang der 1990er-Jahre originalgetreu restauriert wurde und dem Raum heute einen ganz besonderen Charme verleiht. Ein Durchgang aus unverputztem Sandstein im hinteren Teil zeigt, wo sich einst der Eingang zu den Wohnungen befunden hat. Mit einer Theke neben und der Küche hinter dem Backofen bildet die Backstube das Herzstück des Restaurants. Hier kann man die regionale schwäbische Küche von Moritz Weiß genießen, der das Einhorn 2010 von seinem Vater übernommen hat. Unter seiner Regie erfolgte auch der letzte größere Umbau des Lokals. 2012 wurde die sogenannte Einhornstube eingerichtet. Wo sich zuvor im ehemaligen Bäckereiladen eine Art Sektlaube befand, erstrahlt heute eine original Tiroler Almhütte hinter den großen Panoramascheiben. Von den Wänden bis zum Dachstuhl wurde die Hütte, deren Holz aus dem 16./17. Jahrhundert stammen soll, im Einhorn wieder aufgebaut. 40 Gäste finden unter der Dekoration aus alten Holzskiern und den von Gästen mitgebrachten Jagd-

trophäen Platz. „Griabig," würde man auf Bayerisch sagen! Von hier aus gelangt man außerdem in den kleinen Garten, wo die Tische im Sommer vor einem Sandsteinportal mit geschnitzter Tür und schmiedeeisernem Obergitter aus dem Jahr 1797 stehen.

Alles in allem ist das Einhorn eine wunderbare Mischung aus historischem Gebäude mit zum Teil sehr alten Dekorationselementen und moderner Gastronomie. So ist es auch kein Wunder, dass man nicht selten überregional bekannte Prominenz, wie etwa das Team des VfB Stuttgart, das Mercedes-Formel-1-Team oder die Chefetage großer Unternehmen mit ihren ausländischen Kunden und Gästen, im Keller oder durch die großen Scheiben der Einhornstube beobachten kann, wie sie bei Moritz Weiß noch ein Viertele eines der guten Esslinger Weine „schlotzen".

12

HOTEL GASTHAUS RÖSSLE IN KIRCHHEIM UNTER TECK-ÖTLINGEN

In Ötlingen, einer seit 1935 zur Großen Kreisstadt Kirchheim unter Teck gehörenden Gemeinde mit etwas mehr als 6000 Einwohnern, steht das Traditionswirtshaus Rössle der Familie Reiser. Aufzeichnungen zufolge bot hier, etwa zweieinhalb Kilometer vom Zentrum Kirchheims und außerhalb der Stadtmauern, an der Verbindungsstraße nach Wendlingen, bereits 1662 ein Wirt namems Joachim Mayenbauer Reisenden Essen, Trinken und eine Unterkunft an. Seither wird das Anwesen in den Quellen durchgehend als Wirtschaft verzeichnet. In den folgenden Jahrhunderten sollte sich zeigen, dass der findige Meyenbauer den richtigen Riecher hatte. Das Rössle machte so manchen Besitzer reich: So hinterließ der Wirt David Speißer nach seinem Tod gar „Silbergeschmeide"; seine Nachkommen wurden zu hoch angesehenen Bürgern Kirchheims. 1830 wurde das Gebäude komplett neu errichtet. Bis heute zeugt die Fachwerkfassade von schwäbischer Zimmermannskunst. Fachwerk und Erdgeschoss waren es dann auch, die bei der letzten großen Renovierung im Jahr 2005 stehen blieben. Ansonsten wurde das Haus in diesem Jahr zum zweiten Mal neu aufgebaut und zu dem modernen Hotel mit historischer Gaststube erweitert, wie es sich seinen Gästen heute präsentiert.

Dafür verantwortlich zeichnet Christina Reiser, die das Haus in vierter Generation als Familienbetrieb führt. Ihr Urgroßvater war es, der das Rössle in den Familienbesitz brachte. Er führte das Gasthaus in der ersten Hälfte des 20. Jahrhunderts zunächst als Pächter. Als die Familie seiner geliebten Braut die Heirat mit einem Pächter verbot, zögerte er nicht lange und kaufte das Rössle. Die Hochzeit konnte stattfinden, und gemeinsam betrieben die beiden das Rössle über viele Jahre und machten es zum Zentrum des gesellschaftlichen Lebens der umliegenden Bevölkerung. Ein Bild des glücklichen Paars hängt im Gastraum, der, abgesehen von einigen notwendigen Modernisierungen, bis heute so geblieben ist, wie er in der Zeit nach dem Zweiten Weltkrieg gestaltet worden ist. Zu viele Geschichten und zu viele Erinnerungen der Stammgäste stecken in der Ausstattung, als dass man den Raum bei der Renovierung 2005 großartig verändern wollte. „Wir haben so viele Stammgäste, die schon seit Jahren zu uns kommen. Für viele ist das Haus ein Stück Heimat. Am Wochenende kommen seit jeher die Landwirte, der Pfarrer und viele mehr. Hätten wir alles modern gemacht, hätte ich sie vor den Kopf gestoßen. Das wollten wir nicht und daher ist der Gastraum bei der Renovierung so geblieben, wie ihn die Menschen kennen und lieben", erklärt die Besitzerin. Ansonsten hat sich das Rössle allerdings stark verändert. Wurde es von Christina Reisers Mutter Margret Grässle noch als eine Art Hobby betrieben – das Gasthaus war nur am Montag geöffnet und sie arbeitete den Rest der Woche in der Glaserei ihres Mannes –, ist das Rössle heute ein moderner und pulsierender Betrieb mit 17 individuell gestalteten Gästezimmern und einer von Montag bis Freitag geöffneten Gastwirtschaft.

Im historischen Gastraum, der durch eine hölzerne Schiebetür in einen vorderen und einen hinteren Bereich unterteilt werden kann, finden bis zu 70 Personen Platz. Der hintere Teil ist bis unter die Decke mit Holz verkleidet und eignet sich für private oder kleinere Firmenfeiern. Vorne stehen die

Christina Reiser führt das Rössle in vierter Generation; ihre Urgroßeltern (Bild unten) haben es erworben

Schanktheke mit einem vermutlich rund 120 Jahre alten Herd als Beistelltischchen und gegenüber der Stammtisch; beide Räume zeichnen sich durch eine sehr zurückhaltende Dekoration aus. Dafür kann Christina Reiser zu jedem der Stücke eine Geschichte erzählen, die sie selbst so erlebt hat oder die ihr von treuen Gästen berichtet wurde. So wurde die Rössle-Uhr, eine hölzerne Wanduhr mit Ross-Verzierung, einst von einem Hausgast eigenhändig hergestellt. Im Laufe der Jahre verliebte sich ein anderer Gast ist das schöne Stück, und seither wird die Uhr jeden Montag ausschließlich von ihm aufgezogen und gestellt. Ein weiteres Beispiel für die Mitgestaltung der Wirtschaft durch die Ötlinger und Kirchheimer Bevölkerung ist das Rössle-Lied, dessen Text gerahmt neben der Uhr an der Wand hängt. Wann das Lied genau geschrieben wurde, ist nicht bekannt, aber es ist zu vermuten, dass es an einem dieser Rössle-Abende entstand, an dem auch der „schwere Hut" zum Einsatz kam. Dieser unscheinbar wirkende Hut wiegt geschätzt mehr als zehn Kilogramm und war schon Gegenstand zahlloser Wetten, Spiele und Streiche. „Ich bin in dieser Wirtschaft aufgewachsen und der Hut war schon immer da", erinnert sich Christina Reiser. Immer griffbereit für einen spätabendlichen Scherz liegt das massive Stück auf der Armlehne neben dem Stammtisch.

Aber natürlich kann man im Rössle mehr als nur zechen. Die gelernte Hotelfachfrau Christina Reiser serviert ihren Gästen die schwäbischen Klassiker genauso wie ein zartes Rumpsteak, einen Bacon-Burger oder saisonalen Spargelsalat. Und wenn die Gäste im Sommer im Biergarten hinter dem Haus Platz nehmen, stehen der Schwäbische und der Schweizer Wurstsalat, die Haussülze oder Ofenkartoffeln als Vesper ganz hoch im Kurs. Damit neben so viel Traditionsgastronomie auch noch Zeit für die Familie bleibt, hat der Gasthof an den Wochenenden geschlossen.

Hotel GasthausRössle

Stuttgarter Straße 202
73230 Kirchheim-Ötlingen

Telefon: 07021 / 807770

www.roessle-kirchheim.de

Öffnungszeiten:
Montag–Freitag
ab 17:00 Uhr
Weitere Termine nach
Absprache

13

ALTES WACHTHAUS

IN KIRCHHEIM UNTER TECK

Den Ortsnamen Kirchheim finden wir allein viermal auf der Landkarte Baden-Württembergs; jenes Kirchheim, das wir heute besuchen, ist nach der benachbarten Burg Teck benannt, die auf einem Bergrücken südlich der Stadt steht. Sie gehörte einst den Zähringern, einem schwäbischen Fürstengeschlecht, dessen Stammsitz bei Freiburg lag. Die Burg wird erstmals im 12. Jahrhundert in einem Vertrag mit Kaiser Barbarossa genannt, als sie an eine Seitenlinie der Zähringer, nämlich die Herren von Teck, überging. 1303 verkauften die ihre Burg – wohl nur je zur Hälfte – an die Habsburger und die Württemberger, 1525 wurde sie im Bauernkrieg zerstört und ist seitdem eine Ruine. Der Fürstentitel blieb jedoch erhalten und die letzte Herzogin von Teck heiratete den englischen König Georg V. – sie war also die Großmutter der heutigen Queen.

Die Queen würde bei einem Besuch durch die schöne historische Altstadt geführt werden, vorbei am berühmten alten Rathaus mit dem großen Fachwerk-Uhrturm, der gotischen Martinskirche, dem Renaissance-Schlössle und vielen historischen Fachwerkbauten, man würde ihr die Reste der von Herzog Konrad II. von Teck begonnenen Stadtmauer zeigen mit dem 1829 erbauten Wachthaus am früheren Oberen

55

Tor. Hier könnte ihr der heutige „Wachtmeister" Daniel Rau an seiner Bar oder im großzügigen Biergarten eine Erfrischung reichen ... Nun, ein solcher Besuch ist nicht mehr sehr wahrscheinlich.

Daniel Rau ist tatsächlich der Wachtmeister oder eher der Wirt des heutigen Wachthauses in Kirchheim unter Teck. Er braucht auch den Rummel eines Königinnenbesuchs nicht, denn die Lage seines Lokals ist so zentral, dass ihn genügend Gäste finden. Wie der Name sagt, war das Wachthaus ursprünglich der Aufenthaltsort der Stadtwache am leider abgerissenen Oberen Tor, später die Behausung des Gefängniswärters und im 20. Jahrhundert die Polizeidienststelle der Stadt. 1977 wurde das Wachthaus umfassend saniert, das malerische Fachwerk freigelegt und im Einvernehmen mit dem Denkmalamt eine neue Bestimmung gesucht. Da der Gürtel im Bereich der ehemaligen Stadtmauer zu einem grünen Band um die Stadt wurde, lag es nahe, einen Biergarten einzurichten, mit der Basis im Alten Wachthaus. Am Eingang zur alten Marktstraße wurde ein alt-neues Wirtshausschild angebracht, das aus dem ehemaligen Gasthaus Traube stammt, dessen Rebe im Schild durchaus hierher passt. Stattlich ragt das dreigeschossige Haus mit seinem massivem Erdgeschoss und dem im Obergeschoss weit vorkragenden Fachwerkaufbau mit Satteldach und Dachreiter auf – als müsse es noch heute den Zugang zur Stadt bewachen. Im Erdgeschoss befinden sich Bistro, Bar und Biergarten, eine neue Küche hat man erst kürzlich in den Schlossgarten hineingebaut; im Obergeschoss residiert ein zweites, ein italienisches Lokal.

Oben rechts und links: Gelungene Mischung aus altem Fachwerk und modernem Ambiente.
Rechts: Daniel Rau ist der Wirt im Alten Wachthaus

Wirt Daniel Rau ist von Anfang an mit dabei gewesen: Eigentlich kam er aus dem Schwarz-wald auf die Wirtschaftsschule nach Kirchheim und verdiente sich zunächst in der Wachthaus-Wirtschaft etwas dazu; heute ist er der Betreiber des unteren Wirtshauses. In den stilvollen Räumlichkeiten mit teils offenem Fachwerk als Raumteiler sowie im großzügigen Biergarten bietet er seinen Gästen schwäbische und saisonale Gerichte, ausgesuchte Weine, Biere vom Fass und exotische Cocktails – genau das Richtige nach einem Altstadtbummel in Kirchheim. Und die Queen würde sich im Biergarten mit ihren Corgies niederlassen, um ihnen etwas Auslauf zu gewähren. Unsere Verlagshündin tat's auch … und durfte ihren Durst stillen.

Altes Wachthaus

Marktstraße 56
73230 Kirchheim unter Teck

~

Telefon: 07021 / 42666

~

www.altes-wachthaus.de

~

Öffnungszeiten:
Montag–Samstag
09:30–00:00 Uhr
Sonn- und Feiertag
10:30– 00:00 Uhr
Durchgehend warme Küche

14

WEINSTUBE RUPFENSACK

IN SCHORNDORF-UNTERBERKEN

Ein Geheimtipp lockt uns nach Unterberken bei Schorndorf. Dort, inmitten des Schurwaldes, rund 25 Kilometer östlich von Stuttgart, findet man im Stall des alten Bauernhauses von Familie Hoffelner die Weinstube Rupfensack. Der kleine Ort liegt an der historischen Kaiserstraße, die die Burg Hohenstaufen mit Waiblingen verbindet. 1993 kauften Olaf und Anita Hoffelner hier ein baufälliges Bauernhaus aus dem Jahr 1798, um sich ihren gemeinsamen Traum zu erfüllen und daraus das Familiendomizil für sich und ihre Kinder zu machen. Zwölf Jahre renovierte der gelernte Werkzeugmacher gemeinsam mit der Familie das Haus, in dem in den vergangenen 200 Jahren Bauern, Förster und Jäger gelebt und gearbeitet hatten. Entstanden ist dabei eine Mischung aus Wohnhaus und Museum, in dem alte Gegenstände zum Teil als Dekoration, zum Teil mit modernen Funktionen ausgestattet im ganzen Haus zu finden sind. Die hohe Decke des privaten Wohnzimmers, ein Teil der ehemaligen Scheuer, ziert beispielsweise eine Kopie von Michelangelos Meisterwerk aus der Sixtinischen Kapelle, und hinter dem alten gusseisernen Hausfrauenofen verbirgt sich eine moderne Heizung. Schränkchen und Kommoden aus der Zeit des Jugendstils zieren Küche wie Flure und lassen Nostalgiker davon träumen, was für geschichtliche Schätze in den privaten Zimmern der Familie wohl noch verborgen sein

mögen. Oberstes Ziel der Renovierung war es, alles zu erhalten, was aus der über 200-jährigen Geschichte des Hauses gerettet werden konnte. Leider war das nach der langen Zeit des Leerstandes seit den 1980er-Jahren nicht mehr viel. Das Dach musste komplett erneuert werden, und außer einigen gehauenen Sand- und Wackersteinen aus dem Keller und dem Fundament konnte nur wenig Originales an dem Fachwerkhaus bewahrt werden. Allerdings bestätigte eine Untersuchung der Steine, dass sie zum Teil aus dem einst abgebrochenen Schloss Unterberken stammen. Der erste Bauherr hatte sich offensichtlich großzügig aus jeder sich bietenden Steinquelle der Umgebung bedient.

Nachdem dann die Kinder des Paares aus dem Haus waren, stellte sich für beide die Frage, wie sie künftig ihre Zeit nutzen sollten. „Wir wollten ein neues Projekt, um nicht plötzlich feststellen zu müssen, dass wir vor dem Fernseher versauert waren", erklärt Olaf Hoffelner die Entwicklung. Also entschieden sie sich dafür, einen weiteren gemeinsamen Traum in die Tat umzusetzen und im historischen Keller des frisch renovierten Hauses ihre eigene kleine Weinstube einzurichten. 2006 feierte man die Eröffnung, und seither schreibt die Weinstube Rupfensack ihre eigene Erfolgsgeschichte. Mit Gerichten, wie man sie von zu Hause kennt, mit Knoblauch, Bärlauch, Zwiebeln und Kräutern kreiert Anita Hoffelner jeden Abend hausgemachte regionale und saisonale Gerichte. Dazu gibt es selbstgebackenes Brot aus dem Ofen im Garten und natürlich eine große Auswahl an regionalen und internationalen Weinen. Allerdings gehen die Uhren in der Weinstube Rupfensack ein bisschen langsamer, als man es von modernen Wirtschaften heute gewohnt ist. Jeder der insgesamt 24 Sitzplätze wird nur einmal am Abend vergeben, sodass man auch nach dem Essen gemütlich sitzen bleiben und den Abend bei einem weiteren Glas Wein oder Fruchtsaft aus dem Obst der umliegenden Streuobstwiesen genießen kann. „Wir wollten definitiv keine Wirtschaft mit Massenabfertigung. Das gibt es schon genug. Zu uns kommen die Leute mit Zeit, wollen sich entspannen, gutes Essen und gute Weine genießen und sich einfach wohlfühlen."

Und wohlfühlen kann man sich in der urigen Kellerweinschenke ohne weiteres. Als erstes fällt in der liebevoll eingerichteten Stube die Kassettendecke ins Auge. In sie sind 40 originale bedruckte Zwilchsäcke, sogenannte Rupfensäcke aus festem Leinenstoff, eingearbeitete, die der Weinstube ihren Namen gaben. Sie wurden zu ihrer Zeit bei bäuerlichen Hochzeiten bedruckt oder per Hand beschriftet und an das Hochzeitspaar verschenkt. Da gibt es Säcke von Bauern, Schreinern, Seifensiedern und einem Käser. Der älteste Sack stammt aus dem Jahr 1857. Und auch sonst wurde die Schenke von dem leidenschaftlichen Sammler historischer Stücke authentisch eingerichtet. Eine ausgemusterte, rund 150 Jahre alte Schnapsblase dient dem Hausherrn zum stilechten Ausschenken von Hochprozentigem, eine 120 Jahre alte Harzer Wanduhr stammt aus dem Besitz der eigenen Familie, und ein großer Jugendstilspiegel aus dem Schwarzwald dient als elegante Weinkarte. Auch wenn das Mobiliar neu ist, passen in der Weinstube, wie im gesamten Haus, die modernen und die historischen Elemente sehr gut zusammen. Daher ist es kein Wunder, dass auch die Gastgeber jeden Abend, bevor die Gäste kommen, in der Weinstube essen und sich in der gemütlichen Atmosphäre auf den Abend einstimmen.

Wer jetzt mit dem Gedanken spielt, sich einmal einen Abend lang von Anita Hoffelners Kost und Olafs Weinauswahl verwöhnen zu lassen, der sollte unbedingt vorher anrufen. Denn „normalerweise öffne ich immer am 15. September mein Büchlein und nehme die Reservierungen für das Jahr entgegen", sagt der stolze Weinstubenbesitzer. „Aber natürlich ist nicht sofort alles voll und es sagen auch immer mal wieder Gäste einen Termin ab und schaffen damit Platz für neue Gäste." Also flugs zum Hörer gegriffen!

Weinstube Rupfensack

Berkener Straße 91
73614 Schorndorf-Unterberken

Telefon: 07181 / 3297

www.weinstube-rupfensack.de

Öffnungszeiten:
Mittwoch–Samstag
18:30–24:00 Uhr
Ruhetage:
Sonntag–Dienstag
Reservierungen auch außerhalb
der Öffnungszeiten möglich.

15

DER ANDECHSER
IN GÖPPINGEN

Bayerische Wirtshausgemütlichkeit mit Bier und Weißwürsten, Schweinshaxen und natürlich bayerischem Bier – das gibt es auch im Vorland der schwäbischen Alb, genauer gesagt in Göppingen an der Fils. Hier hat das Bier vom „Heiligen Berg" am Ammersee schon eine lange Tradition: Das Wirtshaus zum Andechser Klosterbräu und seine Anfänge reichen über 180 Jahre zurück. 1834 war es ein Bäckermeister namens Gottlieb Kuhn, der per Zeitungsanzeige ankündigte, dass er neben Brot und Kuchen auch Wein zum Verkauf und zur Verkostung anbiete und dass er „mit alten und neuen Rems- und Neckarthaler Weinen ganz gut und billig assortirt ist, die Maas von 16 kr bis zu 32 kr". Die Bäckerwirtschaft (hier haben wir quasi eine neue Gattungsbezeichnung) wechselte in den kommenden Jahrzehnten mehrfach den Besitzer, doch wurde die Tradition des Weinausschanks offenbar fortgesetzt. 1929 schließlich erwarb der Oberkellner des benachbarten „Apostel", Eugen Büchsenstein, das Anwesen, um sich selbständig zu machen. Er benannte das Wirtshaus nun in Andechser Klosterbräu um. Spätestens jetzt hatte der Bierausschank gegenüber dem Wein den Vorrang. Das dunkle Andechser Bier wurde in der Gaststube und auch offen über die Straße verkauft.

Bier war im 20. Jahrhundert längst kein Produkt mehr, das man in kleinen Mengen im Hinterhof eines Wirtshauses braute, und so entstanden überall Großbrauereien, die die Gasthöfe dann mit Fässern und Flaschen belieferten. Die Klöster hatten darin eine besondere Erfahrung entwickelt, denn Bier galt in der langen Fastenzeit nicht als Speise, machte die Mönche aber durchaus satt. So wurde auch in Kloster Andechs (im heutigen Landkreis Starnberg in Oberbayern) bereits seit der Klostergründung im Jahr 1455 Bier gebraut, nicht nur für den Eigenbedarf, sondern auch um die Vielzahl an Pilgern zu versorgen. Als 1850 König Ludwig I. die Gründung eines Benediktinerklosters in München förderte, stiftete er der Neugründung das 1803 säkularisierte Kloster Andechs als Wirtschaftsgut. Damit stellte er die finanzielle Eigenständigkeit der „Abtei Sankt Bonifaz in München und Andechs" sicher. Seither erweiterte man die Bierproduktion stetig und verkaufte den Gerstensaft gerne auch über den Bereich der Klostergemeinschaft hinaus. 1871 führte man die Dampfmaschine ein, 1893/94 wurden Fassstadel und Sudhaus massiv vergrößert, 1906 die Mälzerei, und 1925 gab es schon eine automatisierte Füllanlage.

Im schwäbischen Göppingen warb Eugen Büchsenstein ab 1929 in diversen Zeitungsanzeigen mit seinem „Spezialausschank des vollmundigen Qualitätsbieres aus dem Kloster Andechs", und auch ein „Abonnement für den Mittagstisch" bot der Wirt an. Damit war das Andechser Klosterbräu in Göppingen wohl eine vollwertige Gastwirtschaft. Sie wurde später von Eugens Witwe Friederike Büchsenstein übernommen und in die zweite Hälfte der 50er-Jahre weitergeführt. Der Göttinger Lokalredakteur Hermann Rumpp hat diese Informationen vor vielen Jahren gesammelt und recherchiert, dass man noch lange vom gemütlichen Ambiente und der guten Küche des alten Andechser sprach, wo „immer ein Strauß knuspriger Bierstängel auf dem Tisch stand". Leider schien sich 1957 kein Nachfolger mehr gefunden zu haben und der Andechser an der Marktstraße/Ecke Spitalstraße musste schließen und später einem Neubau weichen.

Seit 2016 gibt es den Andechser wieder in Göppingen. Geschäftsführerin Birgit Grupp erzählt uns seine Geschichte: Es war wohl die Stadt, die sich eine Fortsetzung der bayerischen Biertradition in Göppingen wünschte und Kontakt zur Andechser Klosterbrauerei aufnahm. Nur knapp 100 Meter Luftlinie vom alten Standort entfernt besitzt die Stadt am Schillerplatz ein historisches Gebäude mit Renaissance-Treppengiebel, hohen gotischen Fenstern und einer Jugendstilbemalung, das für die Wiedereröffnung des Andechsers wie geschaffen erschien. Das frühere Gashaus kennen die Göppinger noch aus der Zeit, als für die neue Energiequelle im Haushalt massiv geworben wurde – das war in den 1930er-Jahren – und das örtliche Gaswerk hier Ausstellungs-, Verkaufs- und Vortragsräume mit einer Schauküche für Kochkurse hatte.

Jedenfalls gelang es der Stadt, unterstützt durch die Partnerstadt Klosterneuburg, mit dem amtierenden Abt des Klosters Andechs und einer Stuttgarter Betreibergesellschaft wieder einen Andechser nach

Links oben: Der Speisesaal im ersten Stock.
Links unten: „Bierkruggarage"
für Stammgäste – wie in alten Zeiten.
Rechts oben: Das Leitungsteam um Birgit Grupp

Göppingen zu holen und 2016 zu eröffnen. Auf drei Etagen kann man nun in der „Schwemme" im Erdgeschoss, im Biergarten auf dem Schillerplatz, im Speisesaal im ersten Stock und in zwei Veranstaltungsräumen im 2. Stock das bekannte Andechser Bier zusammen mit eben typisch bayerischen Wirtshausgerichten wie Weißwürscht, Brezen, Leberkäs' oder Hax'n und einer weiteren großen Auswahl genießen. Wie in so manchem bayerischen Wirtshaus kann man hier sogar aus seinem eigenen Bierkrug trinken – in der Schwemme unten hat man eine „Bierkruggarage" eingerichtet, wo jeder Stammgast sein eigenes abschließbares Fach für den bunt bemalten Steinkrug bekommen kann. Dies muss man mit der Geschäftsführerin Birgit Grupp aber persönlich abstimmen: Nur wen sie regelmäßig im Wirtshaus antrifft, der darf auch seinen eigenen Krug hier „parken" – so viel Tradition muaß sei'!

Der Andechser

Schillerplatz 6
73033 Göppingen

Telefon: 07161 / 919 7990

www.andechser-goeppingen.de

Öffnungszeiten:
Täglich ab 10:00 Uhr
Kein Ruhetag

16

Restaurant Villa Hirzel in Schwäbisch Gmünd

Möchten Sie einmal bei Marlene Dietrich, Peter Ustinov oder Greta Garbo übernachten? Auch Gustav Mahler, Hermann Hesse oder Zara Leander stehen zur Auswahl ... In der Villa Hirzel, wo die Gästezimmer keine Nummern, sondern Namen von Berühmtheiten der 1920er-Jahre tragen, ist das möglich. Das sei aber nur am Rande erwähnt, denn wir besuchen das Restaurant Walter's in der Villa Hirzel, das in der historischen Jugendstilvilla residiert und dem Küchenchef Raimund Belstler zu überregionalem Ruf verholfen hat.

Die Geschichte des Hirzel-Hauses reicht bis ins 19. Jahrhundert zurück. Es zählte zu den herausragenden Gebäuden in Schwäbisch Gmünd, ein stattliches dreigeschossiges Wohnhaus in markanter Ecklage zur Bahnhofsstraße, wie es in einem Kunstführer beschrieben wird. 1906 wurde es durch den Architekten Carl Baas für den Fabrikanten Theodor Hirzel umgebaut und um einen Fabrikneubau ergänzt; zuvor war es ein kleines Wohnhaus, das wohl aus der Zeit vor 1875 stammt. Nach dem Ersten Weltkrieg wurde das Gebäude vorübergehend an das Zollamt vermietet, das die Firmenräume als Lager benutzte, nach dem Zweiten Weltkrieg gab es einen Neubeginn mit einer Silberwarenfabrik. Die Firmengeschichte endete 1972 mit dem Verkauf des Anwesens an die Stadt.

Im Zuge der Planungen für die Landesgartenschau 2014 in Schwäbisch Gmünd rückte die alte und wenig beachtete Villa Hirzel wieder in den Mittelpunkt des Interesses: Zunächst wurde die Bundestra-ße, die mitten durch die Stadt und an der Villa vorbei verlief, in einen Tunnel verbannt. Damit konn-te die Villa in den benachbarten Stadtgarten integriert werden, der nun den Kernbereich des auch weiterhin genutzten Gartenschaugeländes darstellte. Der Stadtgarten wiederum entstand in der zwei-ten Hälfte des 18. Jahrhunderts als französische Gartenanlage zu einem heute noch vorhandenen kleinen Rokoko-Schlösschen, welches der damalige Bürgermeister von Schwäbisch Gmünd seiner Frau geschenkt hatte – das waren noch opulente Zeiten! Jedenfalls musste die Villa Hirzel, die nun direkt am Gartenschaugelände liegen sollte, wieder hergerichtet werden. Es fand sich ein Investor, der das beinahe baufällig gewordene Objekt aus der Jugendstilzeit übernahm und mit viel Einfühlungsvermö-gen sanierte. Seit 2014 erstrahlt es wieder in altem Glanz: Der Hotelbereich, ein neu angebauter Veranstaltungssaal und das Restaurant Walter's erfreuen sich guter Akzeptanz.

Im Flair der Goldenen Zwanziger präsentiert sich das Restaurant seinen Gästen – und Walter selbst blickt fröhlich von der Speisekarte. Auch er ist einer jener Prominenten, nach denen die Ho-telzimmer benannt sind. Wer gehört dazu? Die Antwort gibt ein Besuch des Restaurants; wir können hier ja nicht alles verraten. Jedenfalls erwarten den Gast ein Salon aus früheren Zeiten und eine Speisekarte, die von einer kleinen Vesper bis zum großen Menü reicht, freilich eher mit internatio-naler Ausprägung als typisch schwäbisch. Trotzdem gibt es auch die Schwäbische Flädlesuppe neben dem amerikanischen Caesar Salat oder den Stauferteller neben den französischen Tournedos vom Rinderfilet – alles für einen internationalen Gaumen eben. Im Sommer kann man auf der großen Terrasse mit Blick auf die Rems und den Stadtpark speisen.

Schwäbisch Gmünd, die alte Gold- und Silberschmuck-Stadt, hat sich – nicht nur für die Lan-desgartenschau 2014 – mit Parkanlagen, Fußgängerzonen und abstrakten Gebäuden sehr heraus-

Rechts: Speisen im Flair der Goldenen 1920er-Jahre.
Unten: Die Theke, ein Platz für „Barhocker"

geputzt. Sie soll übrigens einen besonders hohen Anteil von kreativen Menschen unter ihren Bewohnern haben, von denen viele noch immer im Schmuckgewerbe arbeiten. Da lohnt sich ein Besuch mit Schaufensterbummel, und anschließend kehren wir ein, bei Walter's im Hirzel-Haus im Stadtpark.

Restaurant
Villa Hirzel

Remspark 2
73525 Schwäbisch Gmünd

Telefon: 07171 / 877 3930

www.villa-hirzel.de

Öffnungszeiten:
Mittwoch–Freitag
11:30–14:30 Uhr
und 17:30–22:30 Uhr
Samstag, Sonntag
11:30–22:30 Uhr
Ruhetage:
Montag, Dienstag

17

RESTAURANT FUGGEREI
IN SCHWÄBISCH GMÜND

In Gmünd münden viele Bäche in die Rems, die bei Neckarrems in den Neckar fließt – so einfach entstanden Ortsnamen. Deshalb brauchen sie auch schon einmal eine Ergänzung, denn es gibt mindestens zehn verschiedene Gmünds in Deutschland und Österreich. So wurde die größte Stadt im Remstal, im Vorland der östlichen Schwäbischen Alb, auch erst in den 1930er-Jahren zu „Schwäbisch Gmünd" – zur Unterscheidung.

Geprägt wurde die Stadt von ihren ersten Besitzern, den Staufern im 12. und 13. Jahrhundert, woran zahlreiche Gedenktafeln und -säulen erinnern, wie auch die touristische Vermarktung als „älteste Stauferstadt". Nach dem Untergang der Staufer wurde Gmünd zur Reichsstadt erhoben, wie aus der um 1400 entstandenen Gmünder Kaiserchronik hervorgeht, die heute in der Heidelberger Universitätsbibliothek zu bewundern ist. Wahrzeichen der Stadt ist das aus dem 14. Jahrhundert stammende Heilig-Kreuz-Münster als größte gotische Hallenkirche Süddeutschlands. Während der Reformationszeit widerstanden die Gmünder Bürger den protestantischen Neuerern, und eine 1528 entstandene Wiedertäufer-Bewegung wurde in der Rems ertränkt.

Auch ein wichtiger Handelsplatz muss Schwäbisch Gmünd gewesen sein, denn es gibt hier unweit des Münsters eine Fuggerei – und die wollen wir besuchen. Als Fuggerei bezeichnete man seit dem Aufstieg der Augsburger Handels- und Bankiersfamilie die Kontore, die eine Art Außenvertretung und oftmals auch Bank des Fugger-Imperiums waren. Hierfür hatte man um 1600 ein Haus mit einem besonders mächtigen Untergeschoss aus Steinquadern und einem alemannischen Fachwerktrakt mit Walmdach darüber ausgewählt. Das massive, mit Gurtbögen verstärkte Gewölbe im Erdgeschoss und die zwei großen tonnengewölbten Kellerräume beiderseits der Kutschendurchfahrt boten sowohl genügend Raum als auch beste Sicherheit für die hier eingelagerten Waren. Vermutlich diente das aus dem 13. Jahrhundert stammende Gebäude auch als Wohnhaus und Rathaus, jedenfalls kam mitten im Dreißigjährigen Krieg der österreichische König Ferdinand III. im Juli 1636 (ein Jahr bevor er auch Kaiser wurde) nach Schwäbisch Gmünd und übernachtete in der Fuggerei – so sagt es eine Plakette des Geschichtsvereins am Haus. Kaiser Ferdinand war es, der durch den Verzicht auf bestimmte Machtpositionen des Hauses Habsburg maßgeblich zum späteren Westfälischen Frieden beitrug. Für die sichere Übernachtung in Schwäbisch Gmünd hat sich der König erkenntlich gezeigt: „In Abreisung auf Stuttgart ist einer Bürgerschafft, deren etlich 40 gewesen (...), 100 Gulden verehrt geworden."

Der heutige Herr der Fuggerei ist Marcus Krietsch. Er hat das Gebäude von der Stadt gepachtet, die es vor 30 Jahren nach einem Brand grundlegend sanierte und als Restaurant einrichtete. Das alemannische Fachwerk – wenige, aber dafür verstärkte Ständer, die viel Platz für Fenster lassen – war zuletzt 1939 saniert und erstmals freigelegt worden. Die große Kutschendurchfahrt in der Mitte des Hauses ist heute der Eingang zum Restaurant mit dem Treppenhaus und einer Bar, an der sich gut ein Aperitif nehmen lässt. Geradeaus kommt man in den schattigen Biergarten, zur Linken geht es in den Hauptsaal, dessen niedriges Gewölbe von zwei massiven Stützen getragen wird. Geschickt ausgeleuchtet und auch mit einem guten Akustikkonzept versehen, hat man trotz der Größe des Raumes nicht den Eindruck, in einer großen Halle zu sitzen. Im oberen Fachwerkgeschoss sind weitere Gasträume für Veranstaltungen untergebracht, und im Dachgeschoss residiert Koch und Patron Marcus Krietsch mit seiner Familie – immer auf dem Sprung in „seine" Küche, wenn ihm eine neue Rezeptvariation eingefallen ist. Neben dem Kochen in der Fuggerei ist er Dozent im Fach-

verband DEHOGA (Deutscher Hotel- und Gaststättenverband), gibt Kochkurse, gestaltet Catering und Festivitäten. Wenn er dann ab und zu noch Muße hat, lässt er sich auch einmal als Private Cook nach Hause holen, denn er kann die Finger einfach nicht von den Kochtöpfen lassen.

In der Fuggerei bietet er seinen Gästen eine, wie er sagt, schwäbisch-mediterrane Küche an. Das bedeutet, neben den selbst gemachten Maultaschen gibt es italienische Pasta aller Art; die anderen regionalen schwäbischen Gerichte wie den Zwiebelrostbraten variiert er gerne einmal mit leichten mediterranen Zutaten. Auch Fisch in verschiedenen Variationen oder ein Rindertartar findet man auf der Karte. Das Publikum hier ist ein sehr gemischtes von jungen bis urständigen Einheimischen aller Art. Statt den klassischen Stammtischen sind es die örtlichen Service-Clubs von Lions bis Rotary, Soroptimist und Inner Wheel, die sich regelmäßig hier treffen – auch das ein Beweis für die beständige Qualität und gute Anerkennung der modernen Fuggerei in Schwäbisch Gmünd. Wer das Münster besucht und dessen reich verziertes Innenleben mit spätgotischem Netzgewölbe im Chor und Buntglasfenstern aus dem frühen 16. Jahrhundert sowie die reich ausgestatteten Portale bewundert hat, mag sich anschließend nur ein paar Schritte weiter in der Fuggerei bestens stärken.

Der große Gewölbesaal im Erdgeschoss lädt zur Vesper wie zum Dinner ein

Restaurant Fuggerei

Münstergasse 2
73525 Schwäbisch Gmünd

Telefon: 07171 / 30003

www.restaurant-fuggerei.de

Öffnungszeiten:
Täglich 11:30–15:00 Uhr
und 17:30–23:00 Uhr
Warme Küche bis 13:30 Uhr
bzw. 21:00 Uhr
Ruhetag: Montag

72

18

GASTHAUS SCHWANEN

IN SCHWÄBISCH GMÜND

Im Remstal, im Osten Baden-Württembergs, liegt Schwäbisch Gmünd, das mit seiner ersten urkundlichen Erwähnung im Jahr 1162 als älteste Stadt der Staufer bekannt ist. Allerdings ist das bei Weitem nicht der einzige Beiname, den sich die Stadt 50 Kilometer östlich der Landeshauptstadt Stuttgart im Laufe der Jahrhunderte erworben hat. Aufgrund ihrer jahrhundertelangen streng katholischen Prägung und der vielen Kirchen und Klöster war sie auch als Schwäbisch Nazareth oder Stadt der Klöster bekannt. Neben der 1220–50 erbauten spätromanischen Johanniskirche ist das Heilig-Kreuz-Münster das bekannteste Gotteshaus. Es gilt als die größte und älteste Hallenkirche Südwestdeutschlands. Der gotische Prachtbau wurde ab etwa 1320 von der berühmten Baumeisterfamilie Parler errichtet. Heinrich Parler arbeitete zuvor am Kölner Dom, Sohn Peter wurde 1333 in Gmünd geboren und von Kaiser Karl IV. 1356 mit dem Bau des Prager Veitsdoms beauftragt. Im Lauf der Zeit wurden in Gmünd nicht weniger als sechs Klöster gegründet. Allein im 13. Jahrhundert siedelten sich hier die Bettelorden der Franziskaner, Dominikaner, Dominikanerinnen und Augustinereremiten an; ein weiteres Frauenkloster kam 1445 hinzu und 1644 kamen die Kapuziner in die Stadt. Ab dem Jahr 1802 wurden die Klöster im Zuge der Säkularisation nach und nach aufgehoben, das Inventar verkauft und die Gebäude anderweitig genutzt. Von 1805 bis 1934 hieß der Ort offiziell Gmünd, ein Name, der sich bei der einheimischen Bevölkerung bis heute so gehalten hat.

Fast genau in der Mitte dieser geschichtsträchtigen Stadt steht das Gasthaus Schwanen.

Es ist bereits im Jahr 1700 urkundlich als Wirtschaft fassbar, doch das Haus wurde im 16. (oder vielleicht schon im 15.?) Jahrhundert errichtet. Damals wurde es noch unter dem Namen Goldener Schwan geführt. Es war durchgehend eine Wirtschaft mit Beherbergungsrecht und gehörte ursprünglich zu einer Brauerei und Schnapsbrennerei, deren Betrieb um 1880 eingestellt wurde. Ein Schild am Eck des alten Fachwerkhauses fasst diese Historie der Wirtschaft knapp zusammen und verrät auch, wann die neuere Geschichte des Hauses begann: Im Jahr 1914 kaufte Andreas Gloning, der Vater des heutigen Seniorchefs Helmut Gloning, das Anwesen. Seither ist es im Besitz der Familie, was auch im Ausleger des Schwanen festgehalten wurde. Neben dem namensgebenden Schwan findet man hier die Jahreszahl 1700 und die Initialen H+E Gloning, was für Helmut und seine Frau Emmi steht, die er hier im Wirtshaus als Bedienung kennenlernte und 1976 heiratete. Helmut übernahm den Betrieb 1960 nach dem Tode seines Vaters im jugendlichen Alter von nur 19 Jahren zusammen mit seiner Mutter und machte ihn im Lauf von gut fünf Jahrzehnten zum Mittelpunkt des gesellschaftlichen Lebens in Schwäbisch Gmünd. Unzählige Geschichten kursieren unter der Bevölkerung und fast jeder hatte schon einmal einen oder auch mehrere Abende im Schwanen, die er sein Lebtag nicht vergisst. Mittlerweile haben die beiden Söhne Andreas und Michael den Schwanen gepachtet und führen das Werk ihres Vaters weiter.

Immer wieder wurde im Schwanen erneuert und renoviert, sodass heute im Inneren des Hauses kaum mehr etwas an die ganz alten Zeiten erinnert. Immerhin bezeugt das originale Fachwerk, das 1989 vom Putz befreit wurde, eindrucksvoll das wahre Alter des Hauses. In den Jahren 1976–79 wurde die gesamte hintere Gebäudehälfte komplett ausgebeint, und dank eines tüchtigen Zimmermanns konnten Rohbauarbeiten wie ein weiterer Kellereinbau und eine neue Küche vorgenommen werden. Trotzdem steht noch heute ein kleiner Holzofen in der Mitte der heimeligen Gaststube. Auch wenn es ein neueres Modell ist, wie es die Vorschriften wollen, führt das Ofenrohr doch fast schon demonstrativ sichtbar unter der

Das stolze Besitzerehepaar Gloning vor dem prächtigen Fachwerkbau aus dem 16. Jahrhundert

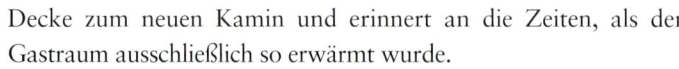

Decke zum neuen Kamin und erinnert an die Zeiten, als der Gastraum ausschließlich so erwärmt wurde.

Mit der Übernahme des Geschäftsbetriebs durch die dritte Generation der Glonings wurden im Gastraum mit Platz für 50 Personen eine feuerhemmende Decke eingebaut, ein schöner Landhausstil-Boden verlegt und eine neue Kühltheke installiert. Die Dekoration des hellen Raumes ist wohltuend schlicht. Außer einem Blumenkranz, den Helmut und Emmi Gloning zu ihrer Hochzeit bekamen und der seither einen festen Platz an der Wand hat, hängen hier einige alte Bilder des Hauses sowie eine Collage mit Bildern der „Swany Feed Warmers", einer Jazz-Combo, die ihren ersten Auftritt im Schwanen während der großen Umbauphase hatte und sich seither mit zahlreichen weiteren Auftritten an dieser Stelle unsterblich gemacht hat. Noch heute spielen die Musiker jedes Jahr zu Weihnachten ein Konzert in ihrem Schwanen. Überhaupt hat sich das Gasthaus unter Helmut Gloning einen Namen in der Musikszene gemacht. Besonders für die hierorts so beliebten Guggenkapellen ist es eine Hochburg. Beim jährlichen internationalen Schwäbisch Gmünder Guggentreffen zur Fasnachtszeit werden im Schwanen rauschende Feste mit den Schrägtonmusikern gefeiert. Zu vielen von ihnen haben die Glonings schon lange eine enge freundschaftliche Beziehung.

Ebenfalls schlicht, aber doch ganz anders ist der Nebenraum für rund 35 Gäste ausgestattet. Boden, Kassettendecke und Holzvertäfelung des vollständig vertäfelten Raums sind seit Anfang der 1930er-Jahre unverändert geblieben. Eine besondere Geschichte hat die alte Wanduhr, die seit mehr als 60 Jahren hier hängt. Sie ist ein Familienerbstück und wurde im Nebenzimmer angebracht, damit der kleine Helmut Gloning hier die Uhr lesen lernen konnte. In der Zwischenzeit wurde sie einmal von einem Gast gegen einen Zwiebelrostbraten als Bezahlung repariert. Aber natürlich kann man im Schwanen auch ohne solche Dienstleistungen ausgezeichnet essen. Der gelernte Koch Andreas Gloning bietet den Gästen heute klassische, bodenständige Küche auf einem gehobenen Niveau. Und wer Glück hat, der trifft auch auf den Seniorchef und lässt sich sein Essen mit einer der zahlreichen faszinierenden Geschichten aus einem Jahrhundert Wirtshausgeschichte der Familie garnieren.

Gasthaus Schwanen

Vordere Schmiedgasse 10
73525 Schwäbisch Gmünd

∾

Telefon: 07171 / 66061

∾

www.schwanen.gd

∾

Mittwoch und Donnerstag
18:00–23:00 Uhr
Freitag und Samstag
11:30–14:30 Uhr
und 18:00–23:00 Uhr
Außerdem an Weihnachten,
Ostern und auf Anfrage
für Feiern

19

Brauereigasthof Goldener Hirsch in Heubach

Das erste, was dem Besucher auffällt, der sich Heubach im Ostalbkreis nähert, ist der Rosenstein. Der 735 Meter hohe Berg östlich von Heubach ist ein beliebtes Naherholungsgebiet mit zahlreichen Wanderwegen, Aussichtspunkten, Höhlen und mit einer Burgruine. Bei klarer Sicht ist vom nördlichen Lärmfels ein Blick bis in den Nordschwarzwald möglich. Die mittelalterliche Burgruine Rosenstein ist eine längst verfallene Verteidigungsanlage auf einem Felssporn über Heubach. In der Folge von Kriegen, Schenkungen und Verpfändungen wechselten die Herrscher regelmäßig. Zu Beginn des 16. Jahrhunderts begann der Verfall, und die Bewohner des Umlands bedienten sich großzügig an den behauenen Steinen der Burg. 1572 wird sie auf Bildern bereits als Ruine dargestellt. Aufgrund seiner strategisch guten Lage war der Rosenstein allerdings auch schon in frühgeschichtlicher Zeit von Bedeutung für die Region. Archäologische Funde in den Höhlen des Berges belegen eine Besiedelung bereits in der Altsteinzeit. Bis heute ist der Rosenstein mit seiner exponierten Burgruine ein Wahrzeichen der Stadt Heubach – so ist er auch auf einem großen Gemälde in der Gaststube des dortigen

Brauereigasthofs Goldener Hirsch zu sehen. Allerdings war der Künstler so erpicht darauf, sowohl die bekannte Heubacher Hirschbrauerei als auch den Rosenstein auf ein Bild zu bekommen, dass er den Berg kurzerhand versetzte, um ihn majestätisch hinter dem Braureigebäude aufragen zu lassen.

Die Geschichte der Brauerei ist eng mit der Entwicklung Heubachs verbunden und steht heute ähnlich wie der Berg für den Ort. Sie existiert vermutlich bereits seit circa 1600 und bekam 1725 die Konzession zum Betrieb einer Schildwirtschaft zum Hirsch verliehen. 1848 brannte die Anlage ab und wurde am heutigen Standort des Brauerei-Gasthofs Goldener Hirsch wieder aufgebaut. Initialen sowie das Datum 1848 sieht man in einem Sandsteinblock über dem hinteren Hoteleingang eingearbeitet. 1874 kaufte Leonhard Johann Mayer die Brauerei, die bis heute als Familienbetrieb in der Familie Mayer weitergeführt wird. Zwischen 1900 und 1919 war die Poststelle des Ortes in der Brauerei untergebracht, die Kutscher der Brauerei fuhren die Post nach Mögglingen und Böbingen. Mit der Eröffnung der Bahnstrecke zwischen Heubach und Böbigen endete diese Episode. 1927 wurde der Brauereigasthof erstmals verpachtet und in den 1930er-Jahren richtete man die ersten Gästezimmer im ersten Obergeschoss des Hauses ein. 1939 erfolgte eine grundlegende Renovierung und Modernisierung der Gaststuben. Die Einrichtung, ausgenommen die 2013 erneuerte Theke, stammt noch von diesem Umbau. Ein alter Aufkleber „Tübingen Hauptbahnhof 1939" unter einem der Holztische bestätigt bis heute den Versand des Mobiliars in jenem Jahr. Das dunkle Fischgrätparkett und die Wandvertäfelung des kleinen Nebenraums machen zusammen mit dem massiven Holzmobiliar den traditionellen Charme des Brauereigasthofs aus. Bunte Bleiglasfenster zeigen Alltagsszenen aus der Landwirtschaft, von der Jagd oder aus dem Brauwesen. Und auch die Dekoration mit Steingutkrügen sowie alten Bildern und Stichen der Brauerei weist immer einen Bezug zur

Im Brauereigasthof gehören Steingutkrüge zur traditionellen Ausstattung

Vergangenheit von Haus und Betrieb auf. Ein besonderer Blickfang ist ein wunderbares, etwa mannshohes Holzschränkchen mit bunten Bildern und der Jahreszahl 1809 auf der Vorderseite. Insgesamt finden in der historischen Stube rund 60 Gäste ihren Platz.

Im Jahr 2011 fand die bislang letzte und umfangreichste Renovierung der Gaststätte statt. Seit diesem Umbau ist Joachim Ferner, ein alter Bekannter der Hirschbrauerei, Pächter des Traditionsgasthauses. Er betreibt bereits seit 1996 die Wirtschaft „Altes Sudhaus" direkt hinter dem Goldenen Hirschen. Dieses ehemalige Sudhaus wurde in den 90er-Jahren zur Gastwirtschaft umgebaut, nachdem die Brauerei bereits 1953 ein neues Sudhaus auf der anderen Straßenseite errichtet hatte. Heute stehen Brauerei und Gastwirtschaft auf gegenüberliegenden Straßenseiten. Quasi zu Ferners Einstand im Goldenen Hirschen richtete ihm die Brauerei zwei weitere große Gasträume im Stil der historischen Gaststuben ein. Beide wurden mit aufgearbeitetem Holz aus alten Almhütten ausgekleidet und haben damit trotz ihres jungen Alters den rustikalen Charme einer alten Wirtsstube. Auf der Holzvertäfelung animieren Brauerei- und tiefe Lebensweisheiten zum Biergenuss, etwa: „Durst wird durch Bier erst schön" oder „Auch Wasser wird zum edlen Tropfen, mischt man es erst mit Malz und Hopfen". – Der beste Platz, um im Sommer die regionale schwäbische Küche von Joachim Ferner mit einem Bier von der anderen Straßenseite zu genießen, ist natürlich der ruhige Biergarten im Innenhof.

Das Mobiliar der historischen Gaststube stammt aus dem Jahr 1939

**Brauereigasthof
Goldener Hirsch**

Hauptstraße 86
73540 Heubach

Telefon: 07173 / 9146034

www.goldener-hirsch-
heubach.de

Öffnungszeiten:
Dienstag–Freitag
11:00–14:00 Uhr
und ab 17:00 Uhr
Samstag ab 17:00 Uhr
Sonntag 11:00–14:30 Uhr
und ab 17:00 Uhr
Ruhetag: Montag

20

BIERHALLE
IN AALEN

Am nordöstlichen Rand der Schwäbischen Alb liegt Aalen. Mit 67 000 Einwohnern ist es die größte Stadt des Ostalbkreises und der gesamten Region Ostwürttemberg. Die heutige Hochschulstadt blickt auf eine lange und bewegte Geschichte zurück: Kaiser Karl IV. erhob Aalen 1360 zur Reichsstadt; im Dreißigjährigen Krieg verheerte 1634 ein Brand die kleine Stadt, danach zogen verschiedene Truppen plündernd durch den Ort. Es dauerte 100 Jahre, bis sich Aalen davon erholte. Mit dem Wiederaufbau des Rathauses ab 1636 bekam Aalen sein heutiges Wahrzeichen, den Aalener Spion. Seine Büste wurde in den Turm des neuen Rathauses gesetzt, wo er noch heute dem Treiben im Stadtzentrum zuschaut. Wie die Legende berichtet, soll Aalen einst den Unmut des Kaisers auf sich gezogen haben, der daraufhin mit seinem Heer auf die Stadt zumarschierte. Um herauszufinden, wie schlagkräftig seine Truppe war, schickten die Aalener einen ihrer Bürger als Spion in das kaiserliche Lager. Kaum dort angekommen, gab sich der Spion vor dem Kaiser zu erkennen und erklärte, er sei der Aalener Spion und wolle schauen, wie viele Kanonen und Truppen der Kaiser mitgebracht habe. Der Kaiser war von so viel Unverfrorenheit beeindruckt und führte den pfiffigen Mann durch das Lager. Kurze Zeit später zog er seine Truppen mit der Begründung ab, dass man eine Stadt mit so schlauen und tapferen Bewohnern verschonen müsse. Seither wacht der Spion vom Rathausturm über sein Aalen.

Diese und viele andere Geschichten werden heute auch bei den Stadtführungen erzählt, die regelmäßig an der Touristeninformation direkt am Marktplatz beginnen und enden. Und nur einen Steinwurf davon entfernt steht seit 1686 die Bierhalle Aalen und bietet Besuchern und Einheimischen Stärkung und Erfrischung an. Rund 50 Jahre nach dem großen Stadtbrand erbaut, war das Stadthaus Teil der Grünbaum-Brauerei und ist damit die älteste Gastwirtschaft Aalens. Der Grünbaumbrauerei-Ausleger mit der Zahl 1686 erinnert noch an die Brauerei, die im Jahr 2011 den Betrieb einstellen musste und in der Heubacher Brauerei aufging. Im 18. Jahrhundert verkehrte der berühmte Dichter und sozialkritische Schriftsteller Christian Daniel Friedrich Schubart (1739–1791) regelmäßig in der Bierhalle. Seit Mitte 2016 hat sich hier Verena Hellriegel ihren Traum von der eigenen Gastronomie verwirklicht. Bereits seit über 25 Jahren arbeitet sie in der Aalener Gastronomie und nutzte die freigewordene Bierhalle als Chance,

sich gemeinsam mit ihrem Sohn selbstständig zu machen. Daneben arbeiten auch Hellriegels Mann und ihre Tochter im Familienunternehmen mit.

Die Bierhalle ist eine Mischung aus Bierkneipe und Gastwirtschaft vom alten Schlag. Hierher kommen die Gäste vorwiegend mittags und in den frühen Abendstunden zum Essen, bevor sich später am Abend die Stube in eine gut gefüllte Kneipe für Menschen jedes Alters verwandelt, vom Studenten bis zum alteingesessenen Aalener, der „schon immer" hierhergekommen ist. Neben der einladenden Atmosphäre ist es vor allem die handgemachte, bodenständige schwäbische Küche, die die Menschen immer wieder hierher zieht. Von den hausgemachten Maultaschen über den Schubart-Burger bis zu Kaiser Karls Zwiebelrostbraten kommt alles frisch aus der Küche des Hauses. Und sollte einmal jemand einen Wunsch haben, der so nicht auf der Speisekarte zu finden ist, kann er diesen trotzdem gerne äußern. „Wir haben zwei Mal pro Woche den Markt direkt nebenan. Wenn es passt, gehe ich dort auch gerne noch einmal spontan hin, um einen besonderen Wunsch erfüllen zu können", erklärt Verena Hellriegel. Und obwohl der letzte große Umbau noch gar nicht so lange her ist, kann man sein Essen in einer Gaststube genießen, die ihren Ursprung als Brauereigaststätte weder verleugnet noch versteckt. Zwar wurden 2013 beispielsweise der Fußboden und die Theke komplett erneuert, doch der

wunderschöne Deckenteil aus hölzernen Fassdauben, der vom Eingangsbereich bis über die Theke reicht, stammt dafür noch aus der Bauzeit des Hauses. Außerdem hängen kleine Braukesseldeckel der Grünbaumbrauerei als Lampenschirme über den Tischen und getrocknete Hopfendolden zieren die Theke. Eine Sammlung herrlich altmodischer Messing-Bierreklame-Schilder über der umlaufenden Sitzbank erinnert zusätzlich an die Geschichte des Hauses. Und natürlich wird auch der bekannte ehemalige Stammgast Schubart mit zwei Porträts, eines davon auf einer gusseisernen Ofenplatte, geehrt. Ein alter Gesellenbrief von 1886 sowie alte gerahmte Bilder der Brauerei und der Stadt runden die Dekoration ab – wobei die kleine Statue des Aalener Spions nicht unterschlagen werden soll. Sie steht an einem der Fenster und beobachtet die Gäste beim Essen und Trinken. Sie wurde von Hellriegels Cousine, einer ortsansässigen Künstlerin, gestaltet und kann auch erworben werden.

Wer beispielsweise nach einer Führung durch die Stadt in der Bierhalle eingekehrt ist und seinen Lieben daheim gerne von diesem erfüllten Tag berichten möchte, der kann dies in dem Traditionshaus passend auf ganz traditionelle Weise tun. Ausliegende Postkarten können ausgefüllt und an der Theke abgegeben werden. Später werden sie dann kostenfrei von der Chefin des Hauses frankiert und eingeworfen. Ein Service, mit dem sich die Bierhalle schon rund um den Globus einen kleinen Namen gemacht hat – als ältestes Wirtshaus Aalens.

Bierhalle Aalen

An der Stadtkirche 3
73430 Aalen

Telefon: 07361 / 8129333

www.bierhalle-aalen.de

Öffnungszeiten:
Montag, Dienstag, Donnerstag
11:00–01:00 Uhr
Mittwoch 10:00–01:00 Uhr
Freitag 11:00–02:00 Uhr
Samstag 10:00–02:00 Uhr
Sonntag 17:00–23:00 Uhr

BRAUEREIGASTHOF ROTER OCHSEN IN ELLWANGEN

A uch die Geschichte von Ellwangen, der nach Aalen und Schwäbisch Gmünd drittgrößten Stadt im Ostalbkreis, beginnt mit der Gründung eines Klosters. Mitte des 8. Jahrhunderts wurde in der Nähe einer alamannischen Siedlung am Stelzenbach ein Benediktinerkloster gegründet, das ab 817 als Reichsabtei ein rasches Wachstum erlebte. Im 12. und 13. Jahrhundert entwickelte sich dann aus der Ansiedlung der zum Kloster gehörenden Laien die Stadt Ellwangen. Aus dieser Zeit stammt auch die spätromanische Basilika St. Vitus. Weitere Wahrzeichen der Stadt sind das Schloss ob Ellwangen, das um 1200 als Wehrburg des Klosters auf einem Hügel oberhalb der heutigen Altstadt entstand und ab 1460 den Ellwanger Fürstpröpsten als Wohn- und Herrschaftssitz diente, sowie die im 17. Jahrhundert auf dem Schönenberg errichtete Wallfahrtskirche „Zu unserer Lieben Frau". Dieses Ensemble ist heute eine der Hauptattraktionen für kulturhistorisch interessierte Besucher der Region.

Nach einer Besichtigung dieser prächtigen Bauten findet man in der Brauereigaststätte Roter Ochsen inmitten der Altstadt den passenden, ebenfalls geschichtsträchtigen Ort für eine Einkehr. Die erste Erwähnung des Roten Ochsen als Taverne, also als Ort, wo Wein ausgeschenkt, gebacken, gemetzgert und Gäste beherbergt werden durften, stammt aus dem Jahr 1542. Der

Name Ochse war seinerzeit sehr beliebt, steht er doch symbolisch für den Evangelisten Lukas. Im Jahr 1680 erhielt der Rote Ochsen das Braurecht. Das 1980 abgehaltene Fest zum 300-jährigen Bestehen der Brauerei unter Hermann Veit III. ist den meisten älteren Bürgern der Stadt noch heute in lebhafter Erinnerung. Organisiert wurden die Feierlichkeiten von Familie Veit, die urkundlich belegt seit 1798 und damit seit mehr als 200 Jahren Besitzer des Familienbetriebes ist.

Bis in die 1960er-Jahre wurde in dem dreigeschossigen, repräsentativen Gebäude mit den zwei Giebeln, hinter der zur Straße hinaus liegenden Wirtschaft, noch Bier gebraut. Dann wurden eine moderne Brauerei am Stadtrand errichtet und die ehemalige Brauerei zu einer großen Wirtschaft mit Hotelzimmern ausgebaut. Von 1871 bis 1893 war der Rote Ochsen außerdem Posthalterei mit einem Pferdestall für gut 40 Tiere. Der damalige Brauereibesitzer Xaver Veit war ein angesehener Mann in Ellwangen und wurde zum königlichen Posthalter ernannt. Hermann Veit II. unternahm dann die ersten großen baulichen Veränderungen und Modernisierungen am Roten Ochsen. 1938 ließ er die Ställe entfernen und verlegte die Gaststube aus dem ersten Stock ins Erdgeschoss, wo sie als Bauernstube bis heute in vielen Bereichen unverändert die älteste Gaststube des Hauses ist. In der urigsten der mittlerweile zahlreichen Wirtsstuben sitzt man auf dunklem Holzmobiliar unter den Bildern der Ahnengalerie der Familie Veit und der vielen Stammtische und Vereine, die hier über die Jahrzehnte eine Heimat gefunden haben. Die Holzvertäfelung und die mit bunten Motiven aus Landwirtschaft und Brauerei bemalten Bleiglasfenster stammen ebenso noch aus der Zeit Ende der 1930er-Jahre wie die geschnitzten Lampenhalter mit Motiven aus der Stadt-, Brauerei- und Landwirtschaftsgeschichte. Den über die Stadtgrenze hinaus bekannten guten Ruf des Hauses verdankt der Rote Ochsen dem unermüdlichen Einsatz von Rudi und Irene Veit, die den Gasthof seit 1968 führen. Bis heute hat hier

der Reitverein, der 1925 vom Rotochsenbräu Hermann Veit II. mitgegründet wurde, genauso seinen Platz wie beispielsweise die ortsansässigen Fußballer, die zum Teil seit über 30 Jahren regelmäßig hierher kommen, oder die jüngeren Ellwanger, die in der Bauernstube einen Meter Bier trinken, bevor sie sich ins Nachtleben stürzen. Seit 2012 ist Tochter Christiane Veit Chefin dieses Teils des Familienbetriebs. Sie legt besonderen Wert darauf, dass die Erinnerung an die Geschichte des Hauses bewahrt bleibt und sich mit den modernen Elementen der anderen Gaststuben vermischt.

Denn neben der Bauernstube stehen dem Gast im Roten Ochsen außerdem die rote und die grüne Stube sowie das weiße Zimmer zur Verfügung. Alle drei wurden 1968 eröffnet, nachdem Anfang des Jahrzehnts die Brauerei an ihren heutigen Platz umgezogen war. Die rote Stube geht wie die Bauernstube nach vorne zur Straße hinaus. Wie der Name verrät, steht hier das dunkle Holz der Möbel und der Kassettendecke im Kontrast zum Rot der modernen Lampen, der Polsterung und der Vorhänge. Auch hier sind die Scheiben mit bunten Motiven verziert, und kunstvoll geschwungene schmiedeeiserne Elemente aus der ursprünglichen Einrichtung sind gelungen in den modernen Stil des Raumes integriert. An den Wänden hängen Bilder des Ellwanger Künstlers Karl-Heinz Knoedler. Die rote Stube wird besonders gerne im täglichen À-la-carte-Geschäft genutzt. Für größere Veranstaltungen wie Hochzeiten oder

Firmenfeiern kann die rote Stube über eine Schiebewand auch mit der danebenliegenden grünen Stube und darüber hinaus mit dem weißen Zimmer verbunden werden, sodass kombiniert ein Saal für über 150 Personen entsteht. Das lichtdurchflutete weiße Zimmer mit seinem Kronleuchter eignet sich ideal für Hochzeiten oder Taufen. In der danebenliegenden grünen Stube sind die bemalten Fassböden mit Szenen aus den wichtigsten Stadtereignissen des Jahres, dem Kalten Markt und der Fastnacht, die Hingucker.

Bei beiden Festivitäten spielt der Rote Ochsen eine wichtige Rolle. So findet das traditionelle Kuttelessen zum Kalten Markt, einem der ältesten Pferdemärkte Süddeutschlands, der immer am Montag nach Heilig Drei Könige abgehalten wird, hier in der Wirtschaft statt, wo der jeweils amtierende Oberbürgermeister die Ehre hat, vor versammelter Gemeinde Pferdewitze zu erzählen. Ein anderer Fassboden zeigt den Pennäler Schnitzelbank, eine Ellwanger Fastnachtstradition, bei der rund 100 Maskierte durch die Stadt ziehen und in Wirtshäusern die lokale Prominenz mit spitzen und spöttischen Versen auf den Arm nehmen. Das traditionelle Anstecken eines Jahresbandes an den Schellenbaum durch ein Mädchen aus Ellwangen findet ebenfalls im Roten Ochsen statt. Die Fassböden wurden von Karl-Heinz Knoedler gestaltet, ebenso das lebensgroße bunte Pferd, das seit der Kunstaktion „Schwing die Hufe, auf nach Ellwangen" im Jahr 2000 seinen Platz vor dem Eingang auf der Terrasse des Lokals hat. Von hier aus sieht man auch den Ochsenkopf, der seit der Aktion „Ein Herz für Ellwangen" zwischen dem historischen Wirtshausausleger und der Eingangstür in strahlendem Gelb an der sonst roten Fassade des Hauses prangt.

Oben: Bemalte Fassböden zeigen städtische Traditionen.
Unten: Chefin Christiane Veit

22

HOTEL-RESTAURANT ROTER OCHSEN

IN LAUCHHEIM

Lauchheim liegt im Jagsttal am östlichsten Rand der schwäbischen Alb. Der Ort wird dominiert von der weithin sichtbaren Kapfenburg, einer 1311 erstmals erwähnten Burg der Grafen von Oettingen, die um 1400 in den Besitz des Deutschordens überging und bis zur Auflösung des Ordens unter Napoleon als dessen Komturei diente. Heute ist die baden-württembergische Musikschul-Akademie mit Veranstaltungszentrum darin untergebracht. Der Ort Lauchheim und die umliegenden Dörfer dienten der Komturei zur Versorgung durch die Landwirtschaft; das Wirtshaus zum Roten Ochsen war schon vor 1848 hier angesiedelt, als es nach einem Brand wiederaufgebaut wurde.

Die spätere Familiengeschichte im Lauchheimer Ochsen ist nicht ganz einfach nachzuvollziehen, hinterließen die Kriege im 20. Jahrhundert doch immer tragische Lücken in den Familienstammbäumen. 1889 hatte die Wirtsfamilie Hahn den Gasthof gekauft und mit Hilfe der beiden Töchter auch

erfolgreich betrieben, natürlich neben einer Landwirtschaft, wie das früher so üblich war. Die älteste Tochter Berta war eigentlich für die Nachfolge vorgesehen, zusammen mit einem noch auszuwählenden jungen Mann an ihrer Seite. Sie hatte jedoch – vielleicht auch vom Ortspfarrer beeinflusst – schon die Schattenseiten des Wirtshauslebens erlebt. Die Bauern des Ortes gingen nämlich am Samstag, dem Zahltag, erst einmal ins Wirtshaus und ließen dort einen erheblichen Teil des Lohnes, auf den die Ehefrauen zu Hause so dringend warteten, hier zurück. Sie hatte also Bedenken gegen den Berufsstand und überließ ihrer zweiten Schwester Babette den Vortritt. Diese heiratete Franz Riedmüller und übernahm mit ihm den Roten Ochsen. Leider fielen alle drei Söhne im Zweiten Weltkrieg. Doch die engen Familienbande halfen damals weiter. Babette erbat von ihrer älteren Schwester Berta, die selbst ja kein Gasthaus führen wollte, deren Tochter Maria zur Adoption, um die Wirtshaustradition der Familie fortzusetzen. Die adoptierte Nichte tat, wie ihr geheißen, und fand in dem Landwirt Josef Groll einen Lebenspartner und Mit-Gastwirt für den Ochsen.

Sie waren die Eltern des heutigen Seniorchefs Josef Groll, der neben dem Beruf des Landwirts auch den des Kochs erlernte und während der Ausbildung in der Schweiz seine heutige Ehefrau Regula kennenlernte, die er ins schwäbische Lauchheim mitnahm. Mitte der 1970er-Jahre übernahmen sie den Gasthof, mussten sich aber jetzt zwischen Landwirtschaft und Wirtshaus entscheiden. Weil damals noch die Bundesstraße direkt durch den Ort verlief, der Fremdenverkehr auch hier langsam aufflammte, Sohn Marcel geboren wurde und überhaupt die Voraussetzungen günstig waren, wurde die Landwirtschaft verpachtet und der Gasthof in den folgenden Jahrzehnten zum heutigen stattlichen Hotel mit 18 Zimmern und Restaurant um- und ausgebaut. Dazu konnten Nachbarhäuser erworben und einbezogen werden. Der Gasthof erstreckt sich heute beiderseits der früheren Hofeinfahrt über mehrere Grundstücke und bildet den größten Baukörper am kleinen Marktplatz von Lauchheim.

Die große Gaststube des Roten Ochsen präsentiert sich als Ergebnis der Renovierung in den 70er-Jahren mit schweren Holzbalken unter der Decke, Rauputz wie auf einer Bruchsteinwand, Landschaftsgemälden in Öl, einer kassettierten umlaufende Sitzbank und schweren Wirtshaustischen mit stabilen Stühlen, dazu einer massiven Theke mit Zapfanlage. Das tatsächliche Alter des Hauses wird in der Tiefe der Fensternischen sichtbar – ein in jeder Hinsicht historisches Ambiente. Nebenräume und Frühstückszimmer für die Hotelgäste sind in einem moderneren Stil ausgeführt.

Patron des Hauses ist heute Marcel Groll, der seinen Gästen eine eher internationale Karte mit besonderem Fokus auf Frische und Regionalität der verwendeten Produkte anbietet. Die Kartoffeln kommen sogar noch von den eigenen Feldern, alle anderen Produkte stammen vom heimischen Metzger und von Bauern aus der Umgebung. Das wird von seinen Stammgästen aus der größeren Region sowie von Urlaubern und Radwanderern, die den Kocher-Jagst-Radweg von Bad Wimpfen nach Aalen entlangradeln, sehr geschätzt, und auch die internationalen Gäste des Sommer-Musikfestivals auf der Kapfenburg kehren gerne im Roten Ochsen in Lauchheim ein.

Hotel-Restaurant Roter Ochsen

Hauptstraße 24
74366 Lauchheim

Telefon: 07363 / 5329

www.roter-
ochsen-lauchheim.de

Öffnungszeiten:
Täglich 11:00–14:00 Uhr
und 18:00–22:00 Uhr
Ruhetag: Montag

Patron Marcel Groll in der Gassenschenke

23

Landgasthaus Grüner Baum
in Unterschneidheim-Zöbingen

Am westlichen Rand des Nördlinger Rieses liegt Zöbingen – wir befinden uns daher im angrenzenden baden-württembergischen Ostalbkreis. Im Nachbarort Unterschneidheim steht ein kleines Schloss des Deutschen Ordens, doch die früheren Herrscher waren die Grafen zu Oettingen, deren Familie sich zunächst 1522 in eine evangelische und eine katholische Linie spaltete und noch später die Familienzweige Oettingen-Baldern, Oettingen-Wallerstein und Oettingen-Spielberg bildete. Diese Trennung der Familienzweige hatte zur Folge, dass Städte im Herrschaftsbereich quasi in der Hälfte geteilt wurden und einige Straßen zu dieser und andere zu jener Grafschaft gehörten. Die religiösen Differenzen führten sogar dazu, dass in einem Herrschaftsbereich die von Papst Gregor XIII. im Jahr 1582 einge-

führte Kalenderreform nur im katholischen Einflussbereich, nicht aber im evangelischen Herrschaftsbereich galt und man zwar in einer Stadt, aber in verschiedenen Zeiten lebte. Insbesondere die Feiertage, wie Weihnachten, Ostern und Pfingsten, waren dadurch um zehn Tage verschoben – eine verrückte Welt damals im 16. Jahrhundert. Auch in anderen Gegenden existierten bis zum Dreißigjährigen Krieg zwei Datumsangaben, sodass jedes Datum zweimal genannt wurde, wie „13. Mai (23. Mai)".

Nicht ganz so weit, aber ins 18. Jahrhundert reicht die Geschichte des Gasthofs Grüner Baum in Zöbingen zurück: Über der Eingangstüre prangt das Wappen der seit 1674 in den Fürstenstand erhobenen Familie von Oettingen-Baldern. Der Baldrinische Kammerdiener Jacob Kühnle, so heißt es in der Chronik des Hauses, habe 1788 den heutigen Gasthof als Marktzöbisches Haupt-Zollhaus erbaut, das heißt, dass hier früher die Grenze des Fürstentums verlief. Auch eine Umsteigestation der Thurn & Taxis'schen Post ist das Haus gewesen und man bewahrt heute noch einen alten Poststempel mit der Aufschrift „Unteramt Zöbingen" auf. Zwei weitere Besitzer sind in der Hauschronik dann aufgeführt, bevor 1835 Johann Bosch als Gastwirt genannt und 1842 Josef Rauh als Wirt im Grünen Baum verzeichnet ist. Ihm folgen 1872 Karl Rauh und 1906 Karl Josef Bair, bei dem es heißt: „erheiratet das Anwesen" – er hatte wohl eher die Wirtstochter geheiratet. 1951 wird sein Sohn Karl Bair als neuer Besitzer genannt und 1987 übernahm Josef Holzinger den Grünen Baum – auch er hatte die Tochter des Vorgängers geheiratet. Das Haus ist so seit 1835 in Familienbesitz, zumeist über die Töchter weitergegeben.

Dieses Schicksal wird das Haus in dieser Generation wieder erleben, denn Josef und Irmgard Holzinger haben drei Töchter, die jedoch anderen Berufen nachgehen. Irmgard Holzinger, die nach dem Tod ihres Mannes das Haus nun alleine führt, hofft dennoch, dass der historische Gasthof einmal in der Familie bleiben wird. Seit 1987 haben die Holzingers das Wirtshaus mehrfach renoviert und ausgebaut, so mit sieben gemütlichen Gästezimmern, in denen teilweise der historische Stuck wieder unter Schalungsdecken hervorgeholt wurde und die alle sehr individuell eingerichtet sind. Auch die Gaststube versprüht einen sehr eigenen Charme. Wie in den alten Häusern üblich, betreten wir zunächst einen kleinen Windfang, der sicher einmal in einen Flur mündete. Denn links

Wallfahrtskirche St. Maria in Zöbingen

Bei einer Reise ins westliche Ries sollte auch die Wallfahrtskirche St. Maria in Zöbingen wegen ihrer Geschichte und bemerkenswerten Ausstattung einen Besuch wert sein. Auf einer kleinen Anhöhe stehend, war sie Wallfahrern von Norden bereits von Weitem sichtbar. Graf Anton Wilhelm zu Oettingen-Baldern ließ die Wallfahrtskirche 1718–38 nach Entwürfen der Gebrüder Gabrieli aus Graubünden als kreuzförmig angelegten Zentralbau mit runder Kuppel und klassizistischer Ausstattung erbauen. Die Madonna auf dem Gnadenaltar stammt aus einer früheren Kapelle und kann auf das 15. Jahrhundert datiert werden.

Warum eine Wallfahrt? Der Legende nach war im Jahr 1261 ein Reiter an dieser Stelle mit seinem Pferd in eine Grube eingebrochen; die Bauern mussten Reiter und Pferd mit großem Aufwand befreien. Als man darauf das Loch untersuchte, kamen Gebeine, Goldschmuck und gut erhaltene Grabbeigaben zum Vorschein – man war auf ein alemannisches Gräberfeld gestoßen, wie sich bei weiteren Grabungen im 19. und 20. Jahrhundert herausstellte. Im lehmhaltigen Boden hatten sich die Grabkammern und ganze Särge offenbar gut erhalten. Dies war im 13. Jahrhundert als „Wunder von Zöbingen" Auslöser für die unter den Schutz Mariens gestellte Wallfahrt.

*Links: Klassizistischer Stuck an der Decke.
Unten: Irmgard Holzinger führt den Grünen
Baum mit viel Liebe*

und rechts von der Eingangstüre ist die Raumausstattung erkennbar unterschiedlichen Charakters: links die gemütliche Gaststube und rechts das eher nüchterne frühere Nebenzimmer; heute sind beide zu einem Gastraum vereint. Geradeaus geht es dann auf die Treppe zum oberen Stockwerk mit den Gastzimmern – das obere Geländer dieser Treppe scheint übrigens einer der ältesten Teile der Hausausstattung zu sein.

Den Gastraum dominiert ein großer Kachelofen, der im Winter die Stube heizt. Unmittelbar vor der Theke steht ein Stammtisch mit einer halbrunden Sitzbank. Die Wände schmücken allerlei Vereinsbilder und eine große Vitrine mit Pokalen der örtlichen Sportvereine zeigt, dass hier in Zöbingen das Wirtshaus eben doch noch die „Heimat" der Vereine ist, wo man nach dem Training oder der Musikprobe hingeht. Der in den Gastraum einbezogene ehemalige Nebenraum – mit offenem Fachwerk nur ideell abgetrennt, bietet weiteren Platz für Gäste, wenn die Vereine einmal die Gaststube belegen sollten. Wirtin Irmgard Holzinger steht derweil hinter der Theke oder bereitet in der Küche einen Ostalb-Vesperteller, ein Zöbinger Pfannenbrätle auf Spätzle, ihren beliebten Sauerbraten oder hausgemachte Maultaschen zu – traditionelle Kost in einem echten historischen Wirtshaus. Ihr und ihrem Gasthaus ist zu wünschen, dass die Zöbinger Wirtshaustradition im Grünen Baum noch lange fortgesetzt wird.

Landgasthaus Grüner Baum

Bopfinger Straße 1
73485 Unterschneidheim-
Zöbingen

~

Telefon: 07966 / 727

~

www.landgasthaus-
gruener-baum.de

~

Öffnungszeiten:
Montag, Donnerstag, Samstag
ab 17:30 Uhr
Sonntag ab 10:00 Uhr
Oder nach Voranmeldung
Ruhetage:
Dienstag, Mittwoch, Freitag
Hotelbetrieb: kein Ruhetag

24

Hotel-Gasthof zum Lamm in Bopfingen

Der Gasthof zum Lamm in Bopfingen im Ostalbkreis, an der Grenze zwischen Baden-Württemberg und Bayern, ist das älteste heute noch betriebene Wirtshaus der Stadt. Das große Gebäude wurde 1814 von wohlhabenden Landwirten errichtet und verfügte von Beginn an über einen Tanzsaal mit Nebenzimmer, eine eigene Brauerei sowie eine Brennerei. Die damalige Besitzerfamilie Wolfinger braute noch bis in die 1930er-Jahre an dieser Stelle. Von der Brauerei ist nichts erhalten. Dafür wird aus der Zeit der Wolfinger im Lamm noch die eine oder andere Geschichte erzählt. Zum einen machten die Wirte das Lamm zu einem der beliebtesten Treffpunkte im Ort. Die vielen traditionellen Stammtische und speziell die sonntäglichen Bauernstammtische waren weithin bekannt und fanden über Jahrzehnte regen Zuspruch. Bis heute kommen viele Bopfinger am Sonntag zu Braten, Plausch und Bier ins Lamm. Zum anderen waren die Lammwirte schon immer sehr aufgeschlossen, und so kursiert etwa die Geschichte, dass die Wolfinger die erste Waschmaschine im ganzen Ort hatten, ein „rundes Fass mit Transmissionsriemen". Aber auch

der Standort des Lamms spielte in der Vergangenheit eine wichtige Rolle. Bis nach dem Ende des Zweiten Weltkriegs pausierten die Kutscher auf dem Weg zum oder vom Verladebahnhof in Pflaumloch im Lamm, sodass ihre Holzfuhrwerke oft in langen Reihen entlang der Straße bis über den Ortsrand hinaus standen.

Heute liegt das Haus verkehrsgünstig an der B29 zwischen Nördlingen und Bopfingen und ist damit sowohl Ziel für Einheimische als auch für Durchreisende. Und auch Besucher des berühmten Bopfinger Tafelbergs, des Ipf, kommen gerne ins Lamm. Der Ipf ist ein 668 Meter hoher Hügel, dessen grüne, unbewaldete Hänge Bopfingen um gut 200 Meter überragen. Seine Kegelform und das Plateau an der Spitze machen ihn seit jeher zu einem besonderen Ort. Die Hänge stehen unter Naturschutz. Funde haben gezeigt, dass sich bereits in der Spätbronzezeit um 1200 v. Chr. mächtige Befestigungsanlagen auf ihm befunden haben. Heue bietet er seinen Besteigern einen unvergesslichen Rundumblick über die Ostalb und das Nördlinger Ries. Bei gutem Wetter sind die Alpen sichtbar. Für Wanderer und Radfahrer gibt es außerdem einen archäologischen Rundweg.

Mit dem Ende der Wirtsdynastie Wolfinger wurde das Haus an die Stadt Bopfingen verkauft, von der es 1989 der Trochtelfinger Ortsvorsteher Hans Stahringer erwarb. Er renovierte das Haus von Grund auf und sorgte so dafür, dass das alte Wirtshaus auch in den kommenden Generationen betrieben werden kann. Seit dem Jahr 2008 lenken die Pächter Susanne Kuhn und Peter Blondowski die Geschicke des Gasthofs. Die gelernte Köchin und der Restaurantfachmann bieten ihren Gästen eine saisonal variierende, gutbürgerliche schwäbische Küche. Das Hauptaugenmerk liegt dabei auf dem namensgebenden Lamm sowie auf Spezialitäten vom Schwäbisch-Hällischen Landschwein, das nur so bezeichnet werden darf, wenn es von einem Hof der Bäuerlichen Erzeugergemeinschaft Schwäbisch Hall stammt. Einmal pro Woche fahren Kuhn und Blondowski in ihre alte Heimat Hohenlohe bei Crailsheim und besorgen das Fleisch für Steaks, Schnitzel und Braten. Die genießt man als Gast dann am besten in der Bräustube des Hauses.

Die Bräustube versprüht trotz der Renovierung von 1989 den Charme eines 200 Jahre alten Gasthofs. Die braune Kassettendecke und der Holzboden sind so alt wie das Haus. Das schwere Holzmobiliar, die gepolsterte umlaufende Bank, die holzverkleidete Theke und

die alten Fotografien strahlen Ruhe und Gemütlichkeit aus. Im hinteren Teil des Gastraumes schließt sich die kleine Kanzlei an, ein Nebenraum für kleinere Gruppen, die etwas zu feiern oder zu besprechen haben. Neben diesen beiden Galerien bietet das Lamm noch die sogenannte Wappenstube. Allerlei Stadt- und Gemeindewappen zieren die Wände dieses Zimmers, das dadurch recht bunt wirkt. Unter den vielen Wappen findet man hier auch das Familienwappen der Besitzerfamilie Stahringer.

Im Eingangsflur zwischen Bräustube und Wappenzimmer liegen die alten, tragenden Holzbalken frei, und auch der gesamte Treppenaufgang stammt unverändert aus dem Jahr 1814. Über die wunderbar knarzenden Stufen gelangt man zu den Gästezimmern des Hauses. Außerdem befindet sich im Obergeschoss ein Saal für Veranstaltungen mit bis zu 50 Personen. Aufmerksame Gäste sollten auch einen Blick unter die Treppe riskieren. Etwas angestaubt und vergessen ist hier nämlich eine Szene aus einem Hühnerstall nachgestellt, mit lebensgroßen Hühnern, Küken, Nestern und Eiern. Besonders Kinder dürften sich darüber freuen.

Überhaupt bietet das Lamm einiges für seine jungen Gäste. Direkt vor der Tür, neben dem Biergarten, befindet sich ein kleiner Spielplatz mit Karussell, Rutsche und einer Wiese zum Toben. Die Erwachsenen können ihrerseits vom Biergarten aus entspannt einen Blick auf die Fassade des Hauses genießen, die seit einer Renovierung 2010 wieder in hellem Weiß strahlt; die dunkelgrünen Fensterrahmen und die etwas helleren Fensterläden bilden dazu einen schönen Kontrast. Über der messingbeschlagenen schweren Holzeingangstür sticht ein sandfarbener Mauerstein heraus, in den das Erbauungsdatum 1814, der Name Johann Balthas(ar) Schnell sowie das Zunftzeichen der Brauer eingearbeitet sind. Allerdings sollte man beim Betreten des Hauses seine Augen schnell wieder von diesem Stein lösen, denn da auch der Türstock der Eingangstür noch original und also relativ niedrig ist, laufen große Menschen leicht Gefahr, sich den Kopf zu stoßen.

Weinstube zum Pfauen in Heidenheim

In strahlendem Gelb wartet die traditionelle Weinstube zum Pfauen in Heidenheim auf. Für diese erfrischende Farbe hat sich das Besitzerpaar Evelyn und Ingo Scherff vor 15 Jahren entschieden, um in der Lage am Rand der knapp 50 000 Einwohner zählenden Stadt Heidenheim aufzufallen. Dabei ist das Traditionshaus unter den Heidenheimern seit Generationen ein Begriff, nur für Besucher von außerhalb ist es manchmal ein wenig schwer zu finden. Seit mittlerweile 30 Jahren lenkt das Gastronomenpaar die Geschicke des Pfauen, der bereits 1892 eröffnet wurde. Damals hatte der Braumeister Johann Georg Bühr die noch freie Wiese von einem benachbarten Schäfer gekauft, um darauf seine eigene Wirtschaft mit Brauerei zu errichten. Allerdings bekam er für die Brauerei keine Lizenz, da von öffentlicher Seite Schädigungen der umliegenden Häuser befürchtet wurden. Also plante der findige Bühr kurzerhand um und errichtete einen Weinhandel in seiner Wirtschaft. Die Weine bezog er aus dem Remstal, ließ sie sich fässerweise per Pferdekutsche liefern und füllte den Rebensaft dann in eigene Fasser in seinem Keller. Dort baute er die Weine eigenhändig aus und zog sie auf Flaschen, die er in seinem Lokal ausschenkte und verkaufte. Bis zum heutigen Tag war der Pfau nie etwas anderes als Weinhandel und Weinstube. Eine leuchtende Erinnerung

an diese Zeit ist der goldene Pfau des Auslegers; er wurde bei der Erbauung des Hauses angebracht und in den 1990er-Jahren vom Lehrling eines lokalen Goldschmieds, der daran seine Technik verbessern sollte, neu vergoldet. Seither strahlt der goldene Pfau mit dem Haus um die Wette.

Das Lokal verfügt über drei verschiedene Räume, die Weinstube, das Restaurant und die Zirbelstube, „allerdings kann man in allen drei gleichermaßen essen und trinken", wie Evelyn Scherff mit einem Schmunzeln erklärt. Und das bedeutet im Pfauen eine Mischung aus traditioneller und gehobener schwäbischer Küche, zu der es natürlich immer eine Weinempfehlung des Hauses gibt. So bekommt man sowohl eine kleine Vesper als auch die traditionellen Maultaschen, den Zwiebelrostbraten oder Lammrücken mit Steinpilzsoße – eine Mischung, die in Heidenheim ankommt, und so wuchs die Bekanntheit der Küche mit den Jahren über die Kreisgrenzen hinaus und zog auch immer wieder Prominenz an. Nachrichtensprecher und Buchautor Ulrich Wickert bezeichnete beispielsweise Ingo Scherffs Kutteln einst als „beste Kutteln der Welt".

Gegessen wird zumeist in der Weinstube oder im Restaurant, dem modernsten Raum des Pfauen. Er wurde in den 1950er-Jahren angebaut und erhielt 1980 sein heutiges Aussehen. Ein Architekt gestaltete den Raum mit Holzeinbauten, sodass verschiedene Ecken und Nischen entstanden, die zum Teil mit originalen Fassdauben (an denen sogar noch der Weinstein erkennbar ist) und Dachschindeln überdacht sind. Heute, nach weiteren Anpassungen, ist es ein heller Raum mit weißen und grünen Wänden, an denen moderne Bilder hängen, und einer großen Fensterfront. Besonders beliebt sind die Plätze auf dem erhöhten Podest.

Die Zirbelstube und die Weinstube gab es schon von Beginn an, wobei natürlich auch diese Räume allen modernen Ansprüchen gerecht werden. Zuletzt wurde vor zehn Jahren in der Weinstube eine neue Theke eingebaut, wobei ein paar bemalte Kacheln als Erinnerung an das Vorgän-

germodell erhalten geblieben sind. In dem halbhoch vertäfelten Raum mit der dezenten Dekoration treffen sich auch die zahlreichen Stammtische, wie etwa seit mehr als 30 Jahren die „Franzosen", ein Französisch-Sprachkurs, die Wirtschaftsjunioren, der Astronomieverein oder der Lions-Club.

Die Zirbelstube ist dagegen ein kleiner, komplett mit Zirbelholz verkleideter Raum, der in den 1920er-Jahren von einem ortsansässigen Schreiner so eingerichtet wurde. Das Zirbelholz wurde, der damaligen Mode folgend, farblich an das dunkle Kirschholzmobiliar angepasst und dunkel gestrichen. Unter der dunklen Kassettendecke haben bereits Generationen von Heidenheimern Geburtstage, kleine Hochzeiten und ähnliches gefeiert. 14 Personen passen um den großen Holztisch.

In der heißen Jahreszeit steht den Gästen das kleine Pfauengärtle auf der anderen Straßenseite zur Verfügung. Hier kann man seinen persönlichen Lieblingswein zwischen bunt bepflanzten Blumenrabatten im Schatten großer Schirme genießen. Wer hingegen noch gar nicht weiß, welches sein Lieblingswein ist, oder wer gerne einmal seine gewohnten Pfade verlassen möchte, um neue Weine kennenzulernen, der nimmt am besten an einer der Weinproben im Pfauen teil. Seit 20 Jahren bietet Familie Scherff acht Mal pro Jahr Weinproben mit saisonal passendem Sechs-Gänge-Menü und professioneller Moderation an. Bei passender Witterung finden diese kulinarischen Schlemmerreisen im Garten statt, mit Blick auf die leuchtend gelbe Fassade und den golden schimmernden Pfau.

Detailverliebt: Die Anrichte in der Weinstube

**Weinstube
zum Pfauen**

Schloßstraße 26
89518 Heidenheim

Telefon: 07321 / 45295

www.pfauen.de

Öffnungszeiten:
Dienstag–Freitag
12:00–14:00 Uhr
und ab 18:30 Uhr
Samstag ab 18:00 Uhr
Sonntag 11:30–14:00 Uhr
Ruhetag: Montag

AUSFLUGSGASTSTÄTTE SCHLÖSSLE IN LINDENAU

Betrachtet man die Geschichte historischer Wirtshäuser, so bezieht sich diese zumeist auf das Haus und auf den Ort, in dem es steht. Dies ist im Fall der Ausflugsgaststätte Schlössle in Lindenau nicht anders, allerdings lohnt sich hier ein Blick deutlich weiter zurück in die Geschichte, nämlich bis in die jüngere Steinzeit: Das Schlössle, das im Volksmund einfach Lindenau genannt wird, steht im gleichnamigen Weiler nördlich von Rammingen am Rand des Lonetals. In einer der Karsthöhlen des Tals, dem sogenannten Hohlenstein-Stadel, wurden bereits 1939 Bruchstücke einer Figur aus dem Stoßzahn eines jungen Mammuts gefunden. Aber erst in den 1980er-Jahren wurde durch die erneute Zusammensetzung und das Hinzufügen weiterer Bruchstücke das Ausmaß des Fundes deutlich. Der sogenannte „Löwenmensch", eine rund 30 Zentimeter hohe Statue, die eine Mischung aus Mensch und Löwe darstellt, ist gut 40 000 Jahre alt und damit eines der ältesten bekannten von Menschenhand geschaffenen Kunstwerke der Welt. Der wissenschaftliche Sensationsfund kann im Ulmer Museum für Kunst und Archäologie bewundert werden. In Lindenau, nur wenige hundert Meter vom Fundort entfernt, wurde für interessierte Besucher im Jahr 2007 ein Infozentrum errichtet, in dem über den Fundort, den Löwenmenschen und die Entwicklung des Homo Sapiens in der Steinzeit im Lonetal informiert wird. Die Höhlen des Lonetals sowie drei weitere Höhlen im Achtal sind seit Juli 2017 UNESCO-Welterbe.

So weit reicht die Geschichte von Lindenau dann doch nicht zurück. 1274 wird der Weiler erstmals als Pfarrdorf urkundlich erwähnt. Diese Jahreszahl findet sich heute auch über der Eingangstür der Gaststätte. Es ist nicht ausgeschlossen, dass zumindest die Grundmauern des Hauses tatsächlich aus dieser Zeit stammen. Bereits 1286 wurde das Dorf mit seiner Kirche an das Kloster Kaisheim geschenkt. Um 1460 geschah die Erneuerung der Lindauer Kirche, wo man fortan das Wallfahrtsbild der „Schmerzhaften Mutter Gottes mit den sieben Schwertern" verehrte. Es befindet sich heute in der Klosterkirche Oberelchingen. Religiöse Streitigkeiten, die Pest und kriegerische Auseinandersetzungen sorgten im Laufe der Jahrhunderte dafür, dass der Weiler immer wieder verlassen, geplündert und verwüstet wurde. Erst Anfang des 18. Jahrhunderts wurde Lindenau erneut besiedelt. In dieser Zeit bekam das Schlösschen auch seine barocken Giebel, die ihm in der Folgezeit seinen Namen gaben.

Mit der Säkularisation endete Anfang des 19. Jahrhunderts das Klosterleben in Lindenau, die Wallfahrtskirche wurde abgebrochen und die übrigen Gebäude wurden von Bauern für die Landwirtschaft genutzt. Und so blieb es fast bis zum Jahr 2000. Seither ist Rainer Steeger in fünfter Generation im Besitz des „Familienschlösschens". Zwar haben bereits seine Vorfahren hier eine kleine Wirtschaft betrieben, aber immer nur als Nebenverdienst zur Landwirtschaft. Das änderte sich Mitte der 1990er- Jahre, als Rainer Steeger beschloss, in den gastronomischen Betrieb der Mutter einzusteigen. Im Jahr 2000 teilten sich der gelernte Schreiner und sein Bruder das elterliche Erbe, und während Rainer Steeger aus dem Haus eine Vollzeitgastwirtschaft machte, kümmerte sich sein Bruder weiter um die Landwirtschaft. Bereits 1994 erfolgte ein Anbau an den hinte-

ren Teil des Hauses, in dem heute die Küche, die Sanitäranlagen und die Backstube des Hauses untergebracht sind. 2005 errichtete man einen Wintergarten, in dem ein Großteil des täglichen Wirtshausbetriebs stattfindet und von wo aus man einen schönen Blick auf die Felder der Umgebung hat. Der Durchgang zwischen der Klosterstube und dem Wintergarten zeigt durch seine Mauerstärke an, dass dies einmal eine massive Außenmauer war. Die Klosterstube, wo sich früher die Theke befand, ist heute einer der beiden Goraräume im alten Teil des Hauses. Zwei Steine aus der alten Außenmauer und ein Tropfstein aus der Bärenhöhle stehen hier dekorativ in zwei Wandnischen.

Der zweite Gastraum ist die Bauernstube. Der L-förmige Raum setzt sich im vorderen Teil aus dem ehemaligen Wohnzimmer von Großmutter Steeger und im hinteren Teil aus ihrem Nähzimmer zusammen. In den 1980er- und 1990er-Jahren wurde hieraus schrittweise eine Gaststube. Alte landwirtschaftliche Gerätschaften wie Sense, Sicheln und Getreidesäcke als Dekoration an den Wänden erinnern an die bäuerliche Geschichte der Familie und des Hauses. Erweitert wurde die traditionelle Dekoration durch zahlreiche Bilder des berühmten Löwenmenschen. Dieser steht auch als gut zwei Meter große Statue gegenüber dem herrlichen Biergarten. Dieser ist für eine Gaststätte, die von Ausflüglern und Radwanderern aufgesucht wird, besonders wichtig. Daher hat der Schreiner in Rainer Steeger keine Mühen gescheut und das gesamte Mobiliar des Gartens eigenhändig aus massivem Eichenholz gefertigt. In Kombination mit einem Glas hausgemachtem Most lässt sich hier die bodenständige schwäbische Hausmannskost des Lindenauer Schlösschens am besten genießen. Zum traditionellen Braten bekommt man beispielsweise echte „Hefeknöpfle", eine Kloßspezialität der Ostalb, und selbstgebackenes Brot.

Nach dem Essen bietet sich ein kleiner Spaziergang zu den Höhlen im nahegelegenen Lonetal an. Oder aber man erkundet ganz bequem im Infozentrum die Geschichte des Löwenmenschen.

Ausflugsgaststätte Schlössle

Lindenau 1
89192 Rammingen-Lindenau

Telefon. 07345 / 5312

www.ausflug-lindenau.de

Öffnungszeiten:
Dienstag–Sonntag ab 11:00 Uhr
11:30–20:00 Uhr
Durchgehend warme Küche
Ruhetag: Montag
(an Feiertagen geöffnet)

Obere Roggenmühle

in Geislingen-Eybach

Geislingen an der Steige liegt im oberen Filstal am Rand der Schwäbischen Alb und ist mit seinen zahlreichen Naturschutzgebieten ein beliebtes Ausflugsziel von Oberschwaben wie auch von der Metropolregion Stuttgart aus. Entstanden ist die Stadt an einem wichtigen Handelsweg vom Rhein zum Mittelmeer als Gründung der Grafen von Helfenstein, die oberhalb der Stadt auch eine Burg errichteten. 1396 bis 1802 gehörte Geislingen zur Freien Reichsstadt Ulm und fiel 1803 an Bayern, wurde dann aber mit Württemberg getauscht ... Das soll vorerst in puncto Geschichte genügen, denn wir fahren heute ins nördlich gelegene Eybachtal, wo wir die Obere Roggenmühle suchen.

1371 schon soll es im Eybachtal eine Mühle gegeben haben, die alle unruhigen Zeiten und den Dreißigjährigen Krieg gut überstanden haben wird – jedenfalls hat man heute eine mehr oder min-

der vollständige Auflistung von Betreibern, die bis zum Jahr 1917 reicht, als der letzte Müller Georg Köpf den Mühlstein anhielt, aber noch bis zu seinem Tod 1942 hier wohnen blieb. 1949 kam dann ein Mann vorbei, den wir heute wohl einen Aussteiger nennen würden: Anton Seitz, unmittelbar nach dem Krieg für einige Monate Bürgermeister von Günzburg. Er war wohl von den Alliierten eingesetzt worden, als einer der wenigen Unverdächtigen in seiner Heimat, doch einfach wird dieses Amt nicht gewesen sein. So tauschte er seine bayerische gegen eine neue württembergische Heimat, kaufte die Gebäude der schon lange nicht mehr mahlenden Roggenmühle, betrieb ein wenig Land-wirtschaft und hielt ein paar Pferde – und eröffnete eine kleine Gastwirtschaft. Freilich kamen an-fangs noch nicht viele Gäste, doch an den Wochenenden zog es die Geislinger, die Ulmer, die Stutt-garter und die Ludwigsburger wieder hinaus in die Natur, denn bis Geislingen kam man leicht mit dem Zug und von dort war es nur eine knappe Stunde zu Fuß. In den umliegenden Wäldern konn-te man wandern und klettern und bei Anton Seitz erhielt man eine Brotzeit, Bier und auch ein Nachtlager im Heu, wenn es zu dunkel für die Heimfahrt wurde. Strom gab es damals nur einge-schränkt, denn mit dem 1895 zuletzt erneuerten Mühlrad konnte man bis 1962 nur ein wenig

Oben: Offenes Fachwerk prägt die Gasträume.
Links: Die Obere Roggenmühle ist das idyllische Ziel vieler Wanderer

elektrisches Licht produzieren; danach hatte man eine kleine Turbine, die wenigstens ein paar Küchengeräte antreiben konnte; erst 1982 erreichte das öffentliche Stromnetz auch die Roggenmühle.

Wo ein Mühlrad ist, da ist Wasser, und im Wasser schwimmen Fische – Forellen, die sich an dem Mühlrad eigentlich nicht stören. Da das schwere Rad jedoch im Betrieb ächzt und stöhnt, wurde es früher schon des Nachts abgestellt, indem das Wasser durch einen kleinen Wasserlauf umgeleitet wurde, den man um das Haus herum gegraben hatte. Nun schwimmen Forellen nachts gerne den Fluss hinauf – und wenn des Morgens dann Strom gebraucht wurde, leitete man das Wasser wieder über das Mühlrad hinab. Dabei lief der Zufluss immer schnell leer, die Forellen lagen auf dem Trocknen und kamen in die Pfanne – die Gäste waren begeistert. Das war der Beginn der Fischzucht als zweiter Erwerbszweig an der Roggenmühle, was sich eben als zentraler Punkt auf der Speisekarte niederschlägt: Man kommt wegen der besonders frischen Forellen, die von Enkel Martin Seitz unmittelbar nach der Bestellung aus dem Fischteich geholt werden – frischer geht's nicht.

Zurück zur Wirtshausgeschichte: Anton Seitz und seine Frau Rosa bauten das Gasthaus in der Mühle Stück für Stück aus, Sohn Hubert und Ehefrau Herta übernahmen es im Jahr 1980. Ihr Sohn Martin wiederum betreibt es mit Ehefrau Irene seither in der dritten Generation. Aus der kleinen Gastwirtschaft ist ein großes Ausflugslokal geworden. Auch die vierte Generation ist schon aktiv in der Forellenpflege: Die Kinder baden in den Teichen mit den Forellen, und an den Wochenenden dürfen auch einmal die jungen Gäste sich mit einem Floß am Seil über die Teiche ziehen. Da ist so mancher auch schon hineingefallen, aber tief sind die Teiche ja nicht.

Früher gab es regelmäßige Veranstaltungen mit Country- und Rockmusik, mit denen man hier niemanden störte, heute ist es noch das große Oldtimertreffen im Mai, das bis zu 2000 Gäste anzieht. Ansonsten kommen am häufigsten Wanderer und Familien ins Eybachtal und bleiben am Wochenende gerne den ganzen Tag. Gerade für Familien wird vieles geboten: ein großer Spielplatz, das Floß auf den Fischteichen, Ponyreiten im benachbarten Hof von Martin Seitz' Schwester und natürlich das gute Essen: Forelle blau, Müllerin oder selbst geräuchert, Wild aus den umliegenden Wäldern, Schwäbisches wie Käsespätzle oder Linsen. In den alten, etwas niedrigen Räumen der Mühle mit offenem Fachwerk und gemütlichen Bänken, auf der angebauten Sonnenterrasse oder auch im Zelt neben dem Haus lässt es sich geruhsam sitzen und speisen. Das hat auch das Regionalfernsehen entdeckt, denn gleich mehrere Sendungen wurden in den letzten Jahren hier mit einem früheren Ministerpräsidenten produziert, der noch „saumäßig" schwäbelt und mit Menschen aus der Region schwätzt – und das bei laufendem Gasthausbetrieb in der Roggenmühle. Das ist dann fast so, wie beim ersten Mühlenwirt Anton Seitz, dem „Heckentoni" – aber das ist eine andere Geschichte von vielen weiteren, die man sich in der Oberen Roggenmühle einmal erzählen lassen sollte.

Obere Roggenmühle

Obere Roggenmühle 1
73312 Geislingen-Eybach

Telefon: 07331 / 61945

www.obereroggenmuehle.de

Öffnungszeiten:
Mittwoch–Sonntag
ab 10:00 Uhr
Warme Küche 11:30–14:00
und 16:30–21:00 Uhr
Sonn- und feiertags
11:30 – 20:00 Uhr
Ruhetage:
Montag, Dienstag

28

GASTHOF LAMM

IN SCHLAT

Die Gemeinde Schlat liegt am nördlichen Albtrauf der Schwäbischen Alb, dem Steilabfall zum Filstal. Hier gedeihen Obstbäume besonders gut – alte Sorten, die heute wieder kultiviert und deren Obst in den verschiedensten Formen genossen wird. Die Güte des in Flaschen gefüllten Obstes wollen wir erkunden und kehren dazu in den historischen Gasthof Lamm in Schlat ein.

Die Geschichte dieses Wirtshauses geht wohl bis zum Dreißigjährigen Krieg zurück, und die Vorfahren der heutigen Besitzerfamilie Geiger waren schon seit mindestens 300 Jahren hier ansässig. Vermutlich war man in der Landwirtschaft und dem Gastgewerbe gleichermaßen tätig; hier auf dem Land war früher ein Wirtshaus nur am Abend und sonntags nach der Kirche bevölkert, und der Wirt hatte in der Landwirtschaft sein Auskommen. Diese besteht bis heute aus Schafzucht und Obstanbau – beides ist im Gemeindewappen dargestellt.

Die große Hofanlage, die wir heute als zusammenhängendes Gasthaus sehen, stammt aus der Zeit nach 1900. Nach einem Brand im Jahr 1904 musste das Haus wieder aufgebaut werden – solche Unglücke ereigneten sich damals in ländlichen Wirtshäusern allzu oft, wo Kerzen, Öfen und offene Feuerstellen lange in Gebrauch waren. Immerhin bot das die Gelegenheit, einen fast herrschaftlichen Gasthof mit Sichtfachwerk auf einem massiven Sockelgeschoss zu errichten, mit Satteldach in Ost-West-Ausrichtung und beiderseitigen großen Zwerchhäusern. Das südliche davon wurde im Erdgeschoss später verlängert, um neben der Gaststube einen Speisesaal zu schaffen und dem darüber liegenden Wohnbereich eine großzügige Terrasse zu geben. Im Westen standen die große Scheune und weitere landwirtschaftliche Anbauten – sie wurden nach dem Jahr 2000 ebenfalls in das Gasthaus eingegliedert, sodass heute mehrere Abteilungen im Wirtshaus existieren.

Da wäre zunächst der alte historische Schankraum, holzvertäfelt und mit umlaufender Sitzbank, in dem Garderobenständer als Raumteiler dienen; verschiedenfarbige bleigefasste Fenstergläser in einem Jugendstil-Rundbogenfenster und die klassische Schanktheke zieren die Wirtshaus-Abteilung. Dann wäre da der Restaurant-Saal mit schöner offener Holzbalkendecke, die von einer wunderbar kannelierten Gusseisensäule, wie man sie in einer Maschinenhalle erwarten würde, getragen wird und die dem hellen, durch Rundbogenfenster lichtdurchfluteten Raum eine besondere Note gibt. Schließlich gibt es die große und moderne zweigeschossige Veranstaltungsscheune für Hochzeiten und größere Familienfeiern. Im früheren Wohntrakt des Fachwerkaufbaus sind heute fünf individuell gestaltete Gäste-Suiten untergebracht.

Küchenchef Marius Schlatter und Restaurantleiter Christopher Geringer verwohnen die Gäste mit traditionellem Sauerbraten, Spezialitäten vom Lamm, Saibling oder Weiderind, einer Bärlauchkugel oder „schmutziger" Schwarzwurzel – was das ist, möge man bei einem Besuch in Schlat selbst herausfinden. Sonntags kommen die Nachbarn gerne zum traditionellen Bratenessen her, während unter der Woche auch Essensgäste aus der Metropolregion Stuttgart hierher finden, zu der man sich noch zählt. Für größere Familienfeiern und Hochzeiten lässt die Küche keine Wünsche offen.

Wo treffen wir eigentlich den Besitzer Jörg Geiger an? Da er sich auf seinen Restaurantleiter Christopher Geringer voll und ganz verlassen kann, hat er in den letzten Jahren einen neuen-alten Geschäftszweig wiederbelebt: den traditionellen Anbau alter Obstsorten. Dazu hat er sich in der Bibliothek in alte Schriften vertieft und in Johann Ludwig Christs Handbuch über die Obstbaumzucht von 1797 und in anderen Traktaten der Zeit Zucht- und Pflanzanweisungen gefunden, so für die Champagnerbratbirne, die „wegen ihrer Räue fast nicht zu essen ist", als „Most jedoch einen besonderes angenehmen Geschmack" hat. „Wenn man den Most spuntet und nicht ganz gären lässt", heißt es weiter in den alten Schriften, „so moussiert er wie der Champagnerwein und hat vieles von seinem Geschmack an sich." Da man sich in Schlat auf das Kultivieren von Obstbäumen ohnehin verstand, lag es nahe, dies selbst einmal zu versuchen, und so ließ Jörg Geiger 1997 die Herstellung von Schaumwein aus der Champagnerbirne wieder aufleben. Heute gibt es im Gasthaus Lamm eine immer blank geputzte Destillationsanlage und Schaubrennerei sowie einen großen Verkaufsraum der Manufaktur Jörg Geiger, wo es die verschiedenen Destillate und Liköre aus heimischer Produktion zu kaufen gibt, die wir vorher im Gasthof Lamm gerne verkostet haben.

Gasthof Lamm

Eschenbacher Straße 1
72114 Schlat

Telefon: 07161 / 999020

www.lamm-schlat.de

Öffnungszeiten:
Montag, Donnerstag, Samstag
11:30–14:00 Uhr
und 18:00 –22:00 Uhr
Freitag 18:00 –22:00 Uhr
Sonntag 11:30–14:00 Uhr
und 17:00 –21:00 Uhr
Ruhetage:
Dienstag, Mittwoch

29

GASTHOF HIRSCH
IN BAD DITZENBACH-GOSBACH

In der beschaulichen Gemeinde Bad Ditzenbach im Oberen Filstal, auch Gaisentäle genannt, bietet sich für Gäste die einmalige
Gelegenheit, in historischem Ambiente in den Genuss der Küche eines Weltmeisters seiner Zunft zu
kommen. Denn hier im Ortsteil Gosbach steht das Gasthaus Hirsch der Familie Kottmann. Bereits
1727 wird das Gebäude erstmals als Bauernhaus an der Fils erwähnt, 1807 erhält Josef Bosch, der
Bäck' von Gosbach, von der königlichen Finanzkammer die Konzession als Schank- und Speisewirtschaft, womit die inzwischen über 200-jährige Geschichte des Gasthofs Hirsch ihren Anfang nimmt.
Bereits zwei Jahre zuvor war am selben Ort eine Schnapsbrennerei eingerichtet worden, die noch
heute von Brennmeister August Kottmann als Obst- und Kornbranddestille betrieben wird. Daneben
waren im Hirschen in den folgenden Jahren auch die Poststation und der Salzhandel untergebracht
sowie bis 1870 traditionell eine Bäckerei. 1899 heiratete ein Kottmann in die Familie Bosch ein, die
ihrerseits ohne männlichen Nachkommen geblieben war. Seither wird das Gasthaus in der Familie
Kottmann weitergegeben. Mitte der 1950er-Jahre wurden in den Mauern des historischen Gebäudes
neue Gasträume und Fremdenzimmer eingerichtet. Mit der Übernahme des Betriebs durch August
Kottmann und seine Frau Monika im Jahr 1976 erfolgte der Aus- und Umbau zum heutigen Gasthof und Restaurant. Seit 2011 ist Sohn Andreas Kottmann in den elterlichen Betrieb eingestiegen;
gemeinsam bieten Vater und Sohn mit ihren Familien den Gästen des Hirschs eine traditionelle
schwäbische Küche mit moder-
nen Einflüssen, frei nach dem
Motto. „schwäbische gesunde
Naturprodukte als kulinarische
Lebensqualität".

Die beiden Küchenchefs
wissen beeindruckend genau,
was sie ihren Gästen bieten. Seniorchef August Kottmann ist

gelernter Landwirt, Kellner, Koch und Destilla-
teur, war zehn Jahre Teamchef der Baden-Würt-
tembergischen Köchemannschaft, holte 1992 als
Teamchef der deutschen Nationalmannschaft
bei der Kochkunstweltmeisterschaft die Bronze-
medaille und führte als beratender Trainer das
schwedische Kochteam im Jahr 2000 zum Welt-
meistertitel. Besonders verbunden fühlt sich der
Küchenmeister und langjährige Feuerwehrkom-
mandant der Gemeinde Bad Ditzenbach dem
Obst, den Kräutern und den Beeren seiner Hei-
matregion, mit denen er nicht nur kocht, sondern die er in seiner Edelobst-Brennerei zu international prämierten Bränden verarbeitet.

Diese enge Verbundenheit der Familie zu
ihrer Heimat und der Natur spürt man als Gast
schon beim Betreten des riesigen Fachwerkhauses, dessen Holzbalken bei einer Renovierung
der Fassade im Jahr 1982 vom Putz befreit wurden. Direkt unter dem röhrenden Hirschen des
Auslegers betritt man die Wirtschaft durch den ehemaligen Eingang zum Stall. Die liebevoll eingerichtete Gaststube ist seit dem letzten Umbau von 1976 größtenteils unverändert erhalten geblieben.
Wie es sich für eine urige Wirtsstube gehört, stehen die Tische und Stühle entlang einer umlaufenden
Sitzbank, alte Aufnahmen der Familie und des Wirtshauses zieren die Wände. Die Liebe der Kottmanns zu den Produkten der umliegenden Streuobstwiesen kommt hier nicht nur auf den Teller und
in die Flasche, sondern sie zeigt sich auch an den Wänden der Gasträume in Form von Aufnahmen
von Schlehen, Äpfeln, Kirschen, Zwetschgen und vielem mehr. An der Theke erwartet den neugie-
rigen Gast eine überwältigende Auswahl an Produkten der Edeldestillat-Brennerei.

Durch einen offenen Durchgang geht es von hier in einen Nebenraum, der ursprünglich der
erste Gastraum des Hauses war. Auch er wurde 1976 überholt und ausgebaut. Heute ist es ein sehr
klarer, heller Raum, in dem einzelne Tische stilvoll durch Pflanzenarrangements voneinander
getrennt stehen. Eine rund einen Meter große Holzstatue vom „weinseligen" Papst Urban, dem
Patron der Winzer, in einer Ecke des Raumes ist das auffälligste Dekorationsstück des Raumes.

Viel weniger Dekoration, als tatsächlich in Gebrauch ist das Klavier, das in der dritten Stube des
Hauses an einer Wand steht. Seit 25 Jahren gibt ein Wiener Musikprofessor und Konzertmeister

hier immer wieder sein Können zum Besten. Auch heute noch kann man, besonders in der Weihnachtszeit, in den Genuss eines spontanen Klavierkonzerts am Abend kommen. Der Raum selbst ist überwiegend so belassen, wie er Anfang der 1950er-Jahre eingerichtet wurde, mit Holzparkett, Kassettendecke und dreiviertelhoher Holzvertäfelung über der umlaufenden Sitzbank. Die schlichte Dekoration unterstreicht erneut den direkten Bezug zu den Früchten der Region sowie zur landwirtschaftlichen Vergangenheit von Haus und Familie.

Diese Verbundenheit mit der Umgebung geben die Kottmanns übrigens auch gerne weiter. Koch- und Brennereikurse können ebenso gebucht werden wie Führungen im Streuobstlehrpfad oder ganze Arrangements mit Führungen, Essen, Übernachtung und beispielsweise einem Besuch der Bad Ditzenbacher Vinzenz-Therme. Natürlich kann die Region auch auf zahlreichen Rundwander- und Fahrradwegen erkundet werden. Und wer dabei etwas Essbares findet, das er partout nicht bestimmen kann, der nimmt es einfach mit in den Gasthof Hirsch. Denn hier werden kulinarische Wissenslücken gerne gefüllt, und man kann auch gleich testen, wie das gefundene Obst schmeckt, wenn es von einem Meister seines Fachs veredelt wurde.

Gasthof Hirsch

Unterdorfstraße 2
73342 Bad Ditzenbach-Gosbach

∾

Telefon: 07335 / 96300

∾

www.hirsch-badditzenbach.de

∾

Öffnungszeiten:
Dienstag ab 18:00 Uhr
Mittwoch–Samstag
11:30–14:00 Uhr
und 18:00–22:00 Uhr
Sonn- und Feiertage
18:00–22:00 Uhr
Ruhetag: Montag

30

HOTEL-GASTHOF AM SELTELTOR IN WIESENSTEIG

Für Radfahrer, Wanderer, Outdoor-Sportler und Naturliebhaber ist die Schwäbische Alb eine beliebte Urlaubsregion. Skifahrern eröffnet sich im Winter ein abwechslungsreiches Gebiet mit zahlreichen Loipen und Liften, Klettersportler finden an den steilen Kalkfelsen anspruchsvolle Herausforderungen, und das UNESCO-Biosphärenreservat beheimatet eine einzigartige Flora und Fauna. Die vielseitige Mittelgebirgslandschaft bietet Reiseziele für unterschiedlichste Interessen. Hervorragender Ausgangspunkt für Ausflüge und Touren auf die Alb ist die Stadt Wiesensteig rund 40 Kilometer nordwestlich von Ulm.

Dort sind wir nun zu Gast bei Familie Storr im Hotel-Gasthof am Selteltor. Selbiges Tor stand bis 1806 direkt an der Straßenengstelle gegenüber vom Haus. Die Bezeichnung verweist auf den Flurnamen „Im Seltel", den das Tal trägt. Seit dem Jahr 1877 gibt es den Gasthof schon, und seitdem ist er im Besitz der Familie. Für die Kleinstadt ist er ein nicht wegzudenkender Gemeinschaftsort. Hier werden Familienfeiern ausgerichtet, Vereine und Stammtische kehren regelmäßig ein, und Natur-

urlauber nehmen in den Fremdenzimmern gerne Quartier. In dem persönlich geführten Haus herrscht stets rege Betriebsamkeit. Das Gasthaus wurde bis in die 1950er-Jahre noch mit einer

Landwirtschaft, bis in die 1970er-Jahre mit einer Metzgerei bewirtschaftet. Das heutige Gebäude besteht seit 1989/90.

Raimund und Ulrike Storr sind am Selteltor Wirtsleut' in vierter Generation. 1988 übernahm Raimund Storr den elterlichen Betrieb. Das alte Gebäude wurde abgerissen und in ähnlichem Stil wiederaufgebaut. Auch den Namen „am Selteltor" erhielt es erst 1991 zur Wiedereröffnung nach dem Umbau. Zuvor hieß es „zur Türkei". Da es damit allerdings gerade bei ortsfremden Gästen häufiger zu Missverständnissen bezüglich der Speisenauswahl kam, wird die feine und herzhafte schwäbische Küche heute unter einem weniger irreführenden Namen, nichtsdestoweniger mit historischem Bezug, angeboten.

Nicht zu verfehlen ist das Wirtshaus am rechten Straßenrand, in unmittelbarer Nähe zur klassizistischen Stiftskirche St. Cyriakus, wenn man von der A8 kommend das Zentrum des historischen Städtchens ansteuert. Entlang der Fassade des Gästezimmeranbaus empfängt uns eine großzügige Gartenterrasse, die bei jeder sich bietenden Gelegenheit sogleich genutzt wird. Wegen der bewaldeten Albhöhen ringsum gibt es in Wiesensteig zu wenige lange Sommerabende, liegt die Ortschaft doch mitten im oberen Filstal unweit des Filsursprungs.

Im großzügigen Eingangsbereich begrüßt die freundliche Golden-Retriever-Hündin Kira alle Neuankömmlinge. Über drei Stuben verfügt der Gasthof am Selteltor, alle sind liebevoll und zeitgemäß eingerichtet. Nach links geht es zum Goißastall, dem jüngsten der Galträume. Der themengerecht ausgestattete Raum wird besonders bei Familien- und Betriebsfeiern gern genutzt. Durch die

*Hier wird Gemütlichkeit groß-
geschrieben und die Familientradition hochgehalten: Links
die Gaststube, rechts der Wirt
Raimund Storr*

Tür rechts gelangen wir in die gemütliche Gaststube, die in authentischer Weise schwäbische Gastfreundschaft ausstrahlt. Wohlangebrachte Dekoration macht sie zu einem behaglichen Ort mit Wohlfühlcharakter. Vieles aus der alten Wirtschaft findet sich hier wieder. Die hübschen Bleiglasfenster mit Buntglaseinsätzen trennen heute den hinteren Teil der Stube vom angrenzenden Nebenzimmer, der Hufschmiede. Etliche gute Stücke bringen auch Gäste aus dem Ort mit, die in der urigen Gastwirtschaft eine neue Wirkungsstätte für den filigranen alten Holzofen oder das altertümliche Kochgeschirr der Urgroßmutter sehen. „Bei mir liegt's bloß rum, bei dir lebt's weiter!", kommentieren sie ihre Stiftungen, unter denen auch allerhand Kuriositäten zu finden sind. Der angrenzende Nebenraum ist, wie schon der Name verrät, der Arbeitsstätte eines Hufschmieds nachempfunden. Werkzeuge und Hufeisen säumen den gemauerten Kamin, der der Stube zu Winterszeiten erst recht eine wohnliche Atmosphäre verleiht.

Die Verköstigung seiner Gäste besorgt Raimund Storr höchstselbst. Seine Küche ist vorwiegend regional ausgerichtet, macht aber auch hin und wieder Ausflüge in andere Küchen der Welt. Bekannt und beliebt sind die hausgemachten Maultaschen und die heißgeräucherten Forellen, die erst nach der Bestellung mit heißem Rauch im Ofen fertig gegart werden. Unter die abwechslungsreichen Saisongerichte und schwäbischen Klassiker mischen sich immer wieder auch exotisch anmutende Speisen mit Couscous, Humus und Falafel. Storr ist Gastwirt mit Leib und Seele. Zuhause in seiner Wohnung ist er eigentlich nur zum Schlafen und an Weihnachten, erzählt er. Das familiäre Klima am Selteltor macht den alteingesessenen Gasthof in Wiesensteig zu einem Ort, an dem sich jeder Gast, egal ob von nah oder fern, sogleich wie zu Hause fühlt.

Das Schlössle
in Bad Urach-Seeburg

Wer im Ort Seeburg nach der auch im Wappen geführten Burg oder dem See sucht, wird nicht fündig werden. Das Dorf ist schon im Lorscher Kodex von 770 erwähnt und die Burg im Besitz des Grafen Wigmann um 1050 bezeugt, doch sie muss noch vor dem Dreißigjährigen Krieg zerstört worden sein. Und wo ist der See verblieben? Den hat man abgelassen … soll man's glauben? Ein Blick in die Ortschronik verweist uns auf den bekannten Renaissance-Baumeister Heinrich Schickhardt, der Anfang des 17. Jahrhunderts Hofbaumeister am württembergischen Hof in Stuttgart war und nicht nur mit Schloss- und Kirchenbauten, sondern auch mit Verteidigungsanlagen und Landschaftsplanung hervortrat – ein Einzelfall in jener kriegerischen Zeit. So betreute er um 1620 ein Projekt zur Schiffbarmachung des kleinen Flusses Erms für die Flößer der Region. Hierzu ließ er einen gut 500 Meter langen und

bis zu 14 Meter tief gelegenen Tunnel unter dem Dorf bauen, um das Wasser des heute verschwun-
denen Sees abzulassen und auf der Erms eine kleine Flutwelle zu erzeugen, auf der die Holzflöße
talabwärts schwimmen und später den Neckar erreichen konnten. Scheinbar hat man irgendwann
den „Stöpsel" des Sees verloren und den Seegrund dann bebaut.

Eigentlich kommen wir aber für einen Besuch des „Schlössles" hierher, das am westlichen Orts-
ausgang an der Straße nach Bad Urach liegt. Es ist nicht wirklich ein Schloss, sondern ein im Jahr
1885 errichtetes Privathaus mitten im Wald, das wegen seiner versteckten Lage und dem reichen
Baudekor dann Schlössle getauft wurde. Erbauer war der Stuttgarter Arzt Karl Schmid, der hier für
zahlungskräftige Großstädter ein Privatsanatorium einrichtete. Er warb mit der guten Landluft, der
abgeschiedenen Lage und einem guten Wein im Keller neben der täglichen ärztlichen Betreuung,
denn man pflegte mit dem Arzt und seiner Gattin im Hause „gesellschaftlichen Verkehr", wie es in
einem alten Werbeprospekt heißt. Der beschränkte sich indes auf die jeweils eigene gesellschaftliche
Klasse, den Dienstboten musste man nur selten begegnen. Die Küche nämlich war im Kellergeschoss
und die Mahlzeiten wurden über einen raffinierten Speisenaufzug nach oben gebracht. Als Wahl-
spruch für sich und seine Gäste hatte der Arzt über der Eingangstür eingravieren lassen, dass er das
Gemeine und Profane hasse und nicht hereinlassen wolle.

Nun, heute gibt es keine Zulassungsbeschränkungen für die Gäste, die das Speisecáfe Schlössle
besuchen. Dr. Schmid starb 1904, das Haus blieb lange in Privatbesitz und stand später leer, bis es

Einer der drei Salons der ehemaligen Beletage des Dr. Schmid

1970 zu einem Café umgebaut wurde, das seit 2008 von Konrad und Sabine Bimek bewohnt und betrieben wird. Das Schlössle ist von der Straße aus gut zu sehen, die „schützenden" Tannen sind gefällt und ein wunderbarer Garten mit Brunnen, Statuen und Sträuchern ist entstanden, der liebevoll gepflegt wird. Die Terrasse ist durch eine Glaswand zum Innenraum des Cafés geworden, von hier geht es dann in die drei Salons der Villa im Obergeschoss, der früheren Beletage von Dr. Schmid und seinen Gästen. Hier fühlt man sich in die gute alte Zeit zurückversetzt mit klassizistischen Wandbespannungen, schweren Vorhängen, einem gemalten Fries mit Naturszenen aus der Umgebung und natürlich passendem Mobiliar. Auch das Porzellan aus der Zeit um 1900 ist in großen Vitrinen noch vorhanden und darf benutzt werden eigentlich fehlen jetzt nur noch die passenden Kleider aus dem 19. Jahrhundert für die Gäste.

Aber man darf „in Zivil" kommen, ins Speisecafé Schlössle. Warum eigentlich diese etwas sperrige Bezeichnung? Familie Bimek möchte einerseits an die Café-Tradition ihrer Vorgänger im Schlössle anknüpfen und zeigen, dass man sich mit selbstgebackenen Kuchen besonders engagiert und Gäste auch am Nachmittag gerne empfängt. Andererseits bietet man aber mittags und abends eine Speisekarte an, die keine Wünsche offen lässt. Hierfür wurde kürzlich erst die Küche mit einem modernen Anbau an der Bergseite des Hauses versehen. Zum Menü gibt es ausgesuchte Weine, denn der Gewölbe-Weinkeller des Erbauers ist noch da und heute wieder gut bestückt. Auch wohnen kann man übrigens wieder im Schlössle – in der großzügigen Ferienwohnung darf man sich fühlen wie im Privatsanatorium von Dr. Schmid, doch eine ärztliche Versorgung wird hoffentlich nicht nötig sein.

Zum Schluss noch eine Geschichte über das Haus: In den 1960er-Jahren muss die leerstehende Villa ein eher schlechtes Bild abgegeben haben, das dennoch Berühmtheit erlangte. Für ein Buchcover, das im Schlössle natürlich ausgestellt ist, hat der deutsche Verlag von Agatha Christies Kriminalge-schichten 1964 ein düsteres Bild der Schmid'schen Villa verwendet, mit dem man direkt in die Geschichte hineinkatapultiert wird: Die reiche Lady pflegt ihre Liebhaber in der einsamen, etwas heruntergekommenen „Villa Nachtigall" in einem verträumten Waldwinkel zu empfangen ... aber vielleicht lesen Sie diese Geschichte selbst bei Agatha Christie einmal nach?

ALTES FORSTHAUS
IN LICHTENSTEIN

Ein wirklich lohnendes Ausflugsziel am Albtrauf der Schwäbischen Alb ist das Alte Forsthaus in Lichtenstein. Von dem
hoch aufragenden Bauwerk aus genießt man einen beeindruckenden Blick über das Echaztal bis
Stuttgart und auf die Alb. Nur einen Steinwurf davon entfernt thront das Schloss Lichtenstein über
dem Ortsteil Honau. Wilhelm Graf von Württemberg ließ das Märchenschloss im Stil des Histo-
rismus zwischen 1840 und 1842 errichten. Er war ein großer Freund mittelalterlicher Geschichte
und Baukultur und zudem leidenschaftlicher Sammler von Waffen, Rüstungen und Gemälden dieser
Zeit. Als Aufbewahrungsort für sein Arsenal und als Sommersitz wünschte er sich eine authentische
Ritterburg. An der Stelle des Schlosses befand sich zuvor ein kleines Forst- und Jagdschlösschen, das
wiederum aus den Steinen einer abgebrochenen spätmittelalterlichen Burg erbaut worden war, die

zuvor hier stand und als eine
der wehrhaftesten ihrer Zeit
galt. Die romantische Be-
schreibung eben jener mittelalterlichen Festung in Wilhelm
Hauffs (1802–27) historischem
Roman „Lichtenstein" aus dem
Jahr 1826 stand Modell für die
neugotische Anlage mit ihren
Zinnen, Türmen und Erkern.

Auflage für den Neubau
dieses Schlosses war der vorhe-
rige Neubau eines Forsthauses,
denn das alte musste dem
Adelssitz weichen. Also wurde
im Jahr 1840 in direkter Nähe

ein Forsthaus gebaut, das einen nicht minder stimmungsvollen Eindruck macht als das Schloss. Nach einer Forstreform 1898 wurde es als solches allerdings nicht mehr gebraucht, und die Witwe des Försters beantragte die Konzession zur Führung einer Gastwirtschaft. Nach dem Tod des Herzogs wurde das Schloss für die Öffentlichkeit zugänglich gemacht, was bald etliche Besucher auf den Lichtenstein führte, die gern bei der Witwe einkehrten. Nach nur zwei Jahren konnte das Wirtshaus seine Kapazität verdoppeln und der nordwestliche Gebäudeteil wurde angebaut.

Bis 1964 verpachtete das Land das Anwesen und ließ es auf diese Weise bewirtschaften. Allerdings blieben dringend notwendig gewordene Reparaturen und Sanierungen über all die Jahre aus, und das Haus verfiel in einen äußerst desolaten Zustand. Schließlich stand es vier Jahre lang leer. Doch 1968 kauften Micheline und Klaus Göhrum aus Esslingen, die dort eine Baguettemanufaktur betrieben hatten, das ruinöse Bauwerk und machten sich an die kräftezehrende Arbeit des Reparierens und Modernisierens. Eine Wasserleitung zum Beispiel musste überhaupt erst gelegt werden. Göhrums eröffneten auch die Wirtschaft wieder, und Stück für Stück wurde das Alte Forsthaus über die Jahre zu dem altehrwürdigen Schmuckstück, das es heute ist.

Raoul und Jenny Göhrum führen das Haus in mittlerweile dritter Generation und mit völliger Hingabe. Heute ist es Arbeitsplatz und Zuhause für die fünfköpfige Familie, und seit der Übernahme im Jahr 2012 verzeichnet das energiegeladene Paar ein erfreuliches Wachstum. Wichtig ist den Wirtsleuten jedoch, die Kapazitäten des Hauses nicht überzustrapazieren. Oft genug bereitet

Oben: Großartiger Ausblick auf Echaztal und Schwäbische Alb.
Links: Das Forsthaus wurde 1840 im historistischen Stil erbaut

das alte Gemäuer logistische Probleme, die mit viel Geschick und Einfallsreichtum gelöst sein wollen. Der individuelle Charakter des denkmalgeschützten Forsthauses soll dabei natürlich erhalten bleiben.

An erster Stelle steht freilich die Zufriedenheit des Gastes, der von der ersten bis zur letzten Minute umfassend betreut wird. Ob nun Touristen und Ausflügler auf eine kleine Vespermahlzeit oder eine deftige Stärkung einkehren oder ob sich langjährige Stammgäste zu einer Feier in großer oder kleiner Gesellschaft ansagen – Göhrums sind mit ganzem Herzen und vollem Einsatz dabei. „Es gibt Gäste, die haben hier bei meinen Großeltern geheiratet, ihre Kinder bei meinen Eltern, und die Enkelkinder wiederum planen gerade bei mir die Feier zu ihrer Hochzeit", strahlt Raoul Göhrum. Hinsichtlich seiner Küche sieht sich der Koch in erster Linie dem Leitspruch verpflichtet: Schmecken muss es! Auf den Tisch kommt, was dem Chef gefällt, vor allem Schwäbisches, auch mal mit asiatischen oder mediterranen Einflüssen. Die vielen positiven Rückmeldungen bestätigen es: Hier gibt's den saftigsten Rostbraten und die besten Maultaschen im ganzen Umkreis.

Kein Wunder, dass das Alte Forsthaus in der Region weithin bekannt ist. Rund 200 Veranstaltungen pro Jahr richten die Göhrums aus. Das benachbarte Schloss kann besichtigt werden, praktischerweise verfügt es auch über eine Marienkapelle und ein Trauungszimmer, sodass hier stilvollst geheiratet werden kann. Ein Kletterpark im umliegenden Buchenwald ist genau das Richtige für schwindelfreie Abenteurer, und etliche Wanderrouten führen durch den sagenumwobenen Wald und zu mythischen Höhlen. Der Lichtenstein ist ein Ausflugsziel für viele Geschmäcker. Entsprechend bunt gemischt sind die Besucher und ihre Bedürfnisse. Doch Raoul Göhrum hat das alles im Griff und dabei immer ein ehrliches Lächeln und herzliche Worte für seine Gäste auf den Lippen.

Altes Forsthaus

Schloss Lichtenstein 1
72805 Lichtenstein

~

Telefon: 07129 / 2440

~

www.altesforsthauslichtenstein.de

Öffnungszeiten:
Sommersaison
(1. April–1. November)
Mittwoch–Sonntag und
feiertags: 11.00–18:00 Uhr
Ruhetage:
Montag und Dienstag
Wintersaison
(2. November–31. März)
Samstag, Sonntag und
feiertags: 11:00–18:00 Uhr
Ruhetage:
Montag–Donnerstag
Ganzjährig freitagabends ab
19:00 Uhr Candle-Light-Dinner

Hotel Gasthof Herrmann in Münsingen

Auf der Suche nach Geselligkeit und gutem Essen wissen die Münsinger genau, wohin sie gehen müssen: in den Gasthof Herrmann. Seit 1821 steht er am Münsinger Marktplatz und ist seither Mittelpunkt des gesellschaftlichen Lebens im heutigen Mittelzentrum. Schon lange bevor das Biosphärenreservat Schwäbische Alb jährlich tausende naturverbundene Besucher in die Region zwischen Reutlingen und Ehingen zog, wurde im Gasthaus Herrmann die Gastlichkeit großgeschrieben. Drei Ställe sorgten bis in die erste Hälfte des 20. Jahrhunderts dafür, dass Reisende und Händler hier ihre Tiere unterstellen konnten, während sie auf dem Markt ihren Geschäften nachgingen oder sich im Gasthaus von den Strapazen ihrer Reise erholten. Die Ställe sind verschwunden, dafür bietet das Hotel seinen Gästen eine Reihe besonderer Übernachtungsmöglichkeiten wie die Biosphärenzimmer aus Zirbel- oder rotkernigem Buchenholz mit feuchtigkeitsregulierenden Lehmwänden, die Bio-Landschaftszimmer oder die bar-

rierefreien Landschafts-Suiten, die ihre Namen von den zahlreichen im Biosphärengebiet beheimateten Pflanzen haben. Verantwortlich zeichnen dafür Restaurantmeister Rainer Autenrieth und seine Frau Sabine. In vierter Generation führen sie das Gasthaus und verbinden moderne Annehmlichkeiten mit dem traditionellen Charme des über zwei Jahrhunderte gewachsenen Hauses.

Ursprünglich wurde der Gasthof von der namengeben-

den Familie Herrmann betrieben. 1893 ging er in den Besitz der Familie Autenrieth über. Diese veränderte das Aussehen des Hauses nach dem Ende des Zweiten Weltkriegs nachhaltig. 1949 bekam der seinerzeit verputzte Fachwerkbau im Erdgeschoss eine neue Fassade. Die morschen Holzbalken wurden durch Tuffstein aus der Region ersetzt, der bis heute den soliden Sockel des Hauses bildet. Das Fachwerk der andern Geschosse wurde Anfang der 1970er-Jahre freigelegt und restauriert. Und auch im Inneren wurde in den Jahren nicht gespart. So präsentieren sich die Gaststuben in modernem Glanz, ohne das Flair des Traditionshauses eingebüßt zu haben. Das gilt besonders für die Altstadtstube, die ihr Aussehen mit der Renovierung des Erdgeschosses 1996 erhielt. Namensgebend sind hier die Bilder der Münsinger Altstadt aus der Zeit von 1900 bis 1920, die im Herrmann nicht an der Wand, sondern an der Decke des Raumes zu finden sind. Dunkles Holz, Parkettboden, eine umlaufende, gepolsterte Sitzbank und zahlreiche alte Dekorationsgegenstände wie etwa ein alter gusseiserner Ofen oder verschiedene Kommoden strahlen eine gemütliche Wohnzimmeratmosphäre aus. Dieser Eindruck wird durch die Theke aus dem gleichen dunklen Holz verstärkt. Ein besonderes Dekorationsstück der Altstadtstube ist der Spiegel an der Wand über dem runden „Familientisch". Er ist in das Kopfende des alten Holzbettes von Rainer Autenrieths Vater eingelassen, der 1949 aus der Kriegsgefangenschaft zurückkehrte und bis in die 1990er-Jahre die Geschicke des Familienunternehmens leitete.

Auch die beiden ursprünglichen Gasträume des Hauses, die Brunnenstube und das Marktplatzzimmer, wurden 1996 erneuert, wobei die Zirbelholzvertäfelung noch aus der Zeit der Renovierung von 1949 stammt. Die beiden Zimmer, die ihren Namen jeweils dem Blick aus ihren Fenstern auf den Marktbrunnen sowie den Marktplatz verdanken,

können über eine Holzschiebetür sowie eine versenkbare Bleiglasscheibe verbunden werden und eignen sich so auch für größere Gruppen. Neben dem täglichen Restaurantgeschäft stehen beide Räume den Hotelgästen als Frühstücksräume zur Verfügung. Der vierte Gastraum, die Zirbelstube, wurde erst 2013 eingerichtet. Das namensgebende Zirbelholz ist hier unbehandelt verarbeitet, und daher riecht es in dem lichtdurchfluteten Zimmer so angenehm nach Holz, dass sich der Gast olfaktorisch in eine Almhütte versetzt fühlt.

Der 1910 errichtete große Saal steht als Herrmannsaal für Feiern oder Tagungen mit bis zu 120 Personen zur Verfügung. Einen Hinweis auf die bewegte Geschichte dieses Raumes im ersten Stock finden aufmerksame Besucher, wenn sie die Augen über das Holzparkett schweifen lassen. In einer Ecke erkennt man mehrere deutlich sichtbare Brandflecken am Boden. Sie stammen aus der Zeit, als hier im damaligen Kinosaal der Filmvorführer seine Zigaretten offensichtlich gerne auf dem Parkett austrat. Später wurde der Saal dann für Musterungen und die Unterbringung von Soldaten genutzt.

Wo auch immer man im Gasthaus seinen Platz findet, Küchenchef Alexander Schulz trifft mit seinen Kreationen aus regionalen Wildkräutern, Lamm, Wild oder glutenfreien und veganen Produkten immer den Geschmack der Gäste.

Hotel Gasthof Herrmann

Am Marktplatz 1
72525 Münsingen

~

Telefon: 07381 / 18260

~

www.hotelherrmann.de

~

Öffnungszeiten:
Küche täglich
11:30–14:00 Uhr
und 18:00–21:30 Uhr

34

DIE WITTSTAIG

IN MÜNSINGEN-GUNDELFINGEN

In erholsamer Abgeschiedenheit, inmitten des UNESCO-Biosphärenreservats Schwäbische Alb, steht das Landhotel und Gasthaus Wittstaig. Es ist in einem ehemaligen, mittelalterlichen Mühlenkomplex im Tal der Großen Lauter bei Gundelfingen untergebracht, einem Stadtteil von Münsingen. Gundelfingen liegt sehr malerisch um einen Kegelberg, der inmitten des Tales aufragt und auf dessen Spitze die Ruine der Burg Niedergundelfingen und eine kleine Kapelle stehen. Auf der Hangseite des Tales, auf einem imposanten Felsmassiv, thront die Burgruine Hohengundelfingen, die seit dem frühen 13. Jahrhundert vom Adelsgeschlecht der Gundelfinger bewohnt wurde. Bereits 1460 ist die Existenz der Bannmühle, zu der die Bauern der Burg Hohengundelfingen ihren Zehnt brachten, belegt, und es kann davon ausgegangen werden, dass sich die Bauern hier bereits in einer Taverne versorgen konnten.

In diesen Mauern hat Familie König seit dem Kauf 1930 einen Familienbetrieb mit eigenem Gasthof, Hotel und Apartments aufgebaut. 2017 übernahm der gelernte Koch und Hotelfachmann Markus König in fünfter Generation in der Wittstaig die Verantwortung von seinen Eltern und führt den Betrieb auf dem erfolgreich eingeschlagenen Weg weiter. Die Königs verstehen ihren Gasthof

als einen Teil des Biosphärenreservats, und für die Gründungsmitglieder der Initiative „Biosphärengastgeber" ist das nicht nur ein Lippenbekenntnis. Eine eigene Biosphären-Speisekarte enthält zu 100 Prozent Produkte, die aus diesem Gebiet stammen. Dazu gehören unter anderem die fangfrischen Forellen aus der Lauter, das Alblinsenschwein von den benachbarten Bauernhöfen, das Mehl oder die Lämmer der Hirten, die mit ihren Herden die einzigartige Kulturlandschaft des Biosphärenreservats erhalten. Und das Siegel „Schmeck den Süden" garantiert im Rest der Karte die ausschließliche Verwendung von Zutaten aus Baden-Württemberg.

Besonders Wanderer und Radwanderer genießen die „neue schwäbische Küche" von Markus König. Zahlreiche Wege durchziehen die abwechslungsreiche Kulturlandschaft der Alb mit ihren Wacholderheiden, Magerrasen, Wiesen, Weiden, Ackerflächen und Wäldern. Über die beiden Fernradwege Schwäbische-Alb-Radweg und Alb-Neckar-Radweg sowie im Südosten über den Donauradweg gelangen die Radler in das Biosphärenreservat. Wanderern stehen der Schwäbische-Alb-Nordrand-Weg, der Hauptwanderweg 1 des Schwäbischen Albvereins, der Schwäbische-Alb-Südrand-Weg, der Schwarzwald-Schwäbische-Alb-Allgäu-Weg oder der Schwäbische-Alb-Oberschwaben-Weg zur Verfügung. Der Gasthof Wittstaig liegt zudem besonders günstig zwischen den drei Burgen Hohengundelfingen, Niedergundelfingen und Derneck.

Im Landhotel Wittstaig warten 70 Betten in modernen Zimmern oder Apartments auf die Besucher. Ein bisschen mehr Geschichte hat der Gasthof. Alte Fotos belegen mindestens seit 1913 einen Gasthof Grüner Baum im vorderen Gebäudeteil, in dem sich heute die Wittstaig befindet. Im hinteren Teil waren zu dieser Zeit noch immer die Scheuer und Ställe. Die Königs ließen das alte Gebäude in den 1950ern umbauen, richteten die Gaststube neu ein, legten das Fachwerk frei und errichteten den ersten Anbau, in dem sich heute die Gästezimmer befinden. Außerdem wurde vorne, an der Stirnseite des Hauses, ein neuer Treppenaufgang samt Terrasse geschaffen. Die Terrasse ist seit jener Zeit einer der beliebtesten Plätze des Hauses. Von ihr kann man das Tal der Großen Lauter über Kilometer entlangschauen und die himmlische Ruhe des Ortes genießen. Immer wieder gab es seither Veränderungen im Bereich der Hotelzimmer und Apartments, die Gaststube ist seit den 1960er-Jahren aber größtenteils unangetastet geblieben. Insgesamt bieten fünf Governaräume, die bei Bedarf zusammengelegt werden können, Platz für 150 Gäste. Im täglichen Geschäft sind es die

ersten beiden Geräume, die vorwiegend genutzt werden. Die holzvertäfelte Schanktheke, die umlaufende, gepolsterte Sitzbank unter der Kassettendecke und die geblümten Vorhänge lassen hier Erinnerungen an die Mitte des letzten Jahrhunderts wach werden.

Einen ganz besonders farbenfrohen Empfang bekommen wir, als wir uns dem Gasthof von Norden her, über die Landstraße K6769, den sogenannten Wittstaig, nähern. Vor etwa zehn Jahren ließen die Königs vom lokalen Künstler und Maler Anton Geiselhart die Fassade des nördlichen Giebels mit einem großen Wandbild verzieren. Die Jahreszahl 1460 prangt zusammen mit einer Sonne ganz oben im Giebel. Darunter sind Gegenstände aus der langen Geschichte des Hauses abgebildet: ein Mühlrad, Getreide, Mehlsäcke, Fische, Kühe, Hühner und Schweine sowie an einem Tisch gemeinsam essende Menschen. Neben der Verschönerung der Fassade steht das Bild bis heute also für das, was Familie König mit ihrem Familienbetrieb lebt: das harmonische Miteinander von Natur, Kultur, Landwirtschaft und sanftem Tourismus. Und das alles in den Mauern eines 600 Jahre alten Mühlenhauses.

35

BRAUEREIGASTHOF ZUM LÖWEN IN KETTENACKER

Zwischen Reutlingen und Sigmaringen liegt der Gammertinger Ortsteil Kettenacker zentral zwischen den großen Sehenswürdigkeiten der Region. In 20 Autominuten erreicht man Schloss Sigmaringen, die Burg Hohenzollern, das Schloss Lichtenstein, das Bauernmuseum Ödenwaldstetten, die bekannte Bären- und die Nebelhöhle, die Münsterkirche Zwiefalten, die Wimsener Höhle oder das Donautal. Fast als logische Konsequenz steht im kleinen Kettenacker mit seinen 300 Einwohnern an der Verkehrsachse von Albstadt/Gammertingen nach Zwiefalten/Ulm seit Jahrhunderten die Brauereigaststätte zum Löwen.

Leider sind keine Aufzeichnungen darüber erhalten, wie alt das Wirtshaus genau ist. Dafür sind die Geschehnisse um das Gasthaus umso enger mit der Dorfgeschichte von Kettenacker verbunden. Die älteste schriftliche Erwähnung des Löwen, damals noch Bären genannt, geht auf das Jahr 1763 zurück. Damals heiratete Simon Hanner, Sohn des Bärenwirts Gregorius Hanner, seine Braut Magdalena Biener. Leider ging dieser Tag nicht als Tag der Freude in die Annalen des Dorfes ein, sondern als Katastrophe. Während der Festlichkeiten entzündete ein damals bei Festen üblicher Böllerschuss ein Strohdach im Ort, und der auffrischende Wind sorgte dafür, dass bald das halbe Dorf in Flammen stand. Das Löschen des Feuers war unmöglich. In einer örtlichen Bauernchronik heißt es: „Man rannte jammernd, heulend, fluchend, betend sinnlos durcheinander und tat meist das Verkehrte. (…) Oft war es unmöglich, in die Häuser hinein und wieder heraus zu gelangen, weil ringsum ein brennender Wall aus herabgefallenem Dachstroh sich gebildet. So wurde vieles Wertvolle oder besonders Geschätzte der Gluten Raub. Auch alle im Hause des Schultheißen Hecht untergebrachten Gemeindeakten verfielen damals der Vernichtung." Dieses fatale Ereig-

nis ist der Grund, weshalb nicht mehr über das Wirtshaus bekannt ist. Nach dem Wiederaufbau ersetzte man auf Anordnung des Barons Speth von Zwiefalten zu Hettingen den Bären im Wappen des Gasthauses durch einen goldenen Löwen, und so wurde aus dem Bären das Gasthaus zum Löwen. Gleichzeitig belegt der Vorfall, dass der Löwe bereits 1763 ein Wirtshaus war, was es seither durchgehend geblieben ist, und dass es damals wie heute von Familie Hanner betrieben wurde. Seit 2010 ist Franz Hanner Besitzer des mittlerweile ehemaligen Brauereigasthofs zum Löwen.

Der Berufspilot ist im Wirtshaus aufgewachsen und betreibt es heute gemeinsam mit seiner Frau Bianka im Familienbetrieb. „Als mein Vater 1992 starb, stand es für mich außer Frage, dass ich erst meiner Mutter helfe und es irgendwann übernehme. Es ist zwar nicht mein Beruf, aber mit Sicherheit meine Berufung", erklärt Franz Hanner seine Entscheidung, das Traditionshaus weiterzuführen. Ohne das Mitwirken des Vaters wurde der Brauereibetrieb 1995 eingestellt. Die Familie Hanner konzentriert sich seither ganz auf das Wirtshaus. Heute erinnert die 1990 angebaute Sudhausblick-Stube an die Brauerei. Der Anbau ist eine moderne, helle Wirtsstube mit freiliegendem Deckengebälk, von dem mehrarmige Leuchter hängen. Durch die Panoramascheiben sieht man ins angrenzende ehemalige Sudhaus mit den großen kupfernen Kesseln. Da man die Stube vom restlichen Wirtshaus abtrennen kann, eignet sie sich sehr gut für größere Reisegruppen, für Familien- oder Firmenfeiern.

Die historische Brauerstube befindet sich im alten Gebäude, das allerdings nicht mehr das Haus aus der Mitte des 18. Jahrhunderts ist. 1912 wurde es auf den alten Grundmauern neu errichtet, in den 1970er-Jahren renoviert und 1992, nach dem Anbau, noch einmal von Grund auf neu gestaltet. Die Brauerstube ist wohltuend klar eingerichtet. Balkenkonstruktionen schaf-

Ein Kupferrelief in der Brauerstube zeigt eine bäuerliche Wirtshausszene wie vor 300 Jahren

fen einige abgesetzte Ecken, sonst stehen die Tische und Stühle in einem großen, gefliesten Raum, der durch die zahlreichen Rundbogenfenster zu drei Seiten sehr hell und einladend wirkt. Eine Sammlung alter Steingutkrüge erinnert an die Vergangenheit des Hauses als Brauerei und ein alter Kupferstich stellt eine Wirtshausszene dar, wie sie sich vor 300 Jahren im Löwen zugetragen haben könnte. Dazu kommen an den Wänden ein paar Bilder aus der Vergangenheit des Brauereigasthofs sowie seiner Besitzer. Ansonsten fällt sofort das Klavier neben der Eingangstür ins Auge. „Früher waren wir auch als die singenden Löwenwirte bekannt", erzählt Franz Hanner mit einem Funkeln in den Augen. Er, sein Vater Franz Hanner Senior, sein Bruder Gerd und sein Onkel Josef Hanner spielten damals für die Gäste auf Klavier und Akkordeon, dazu wurde gesungen. Ganze Reisebusse kamen, um beim singenden Löwenwirt zu essen und zu feiern. Mittlerweile ist es etwas ruhiger geworden, aber wann immer es passt, setzt sich der passionierte Musiker ans Klavier und stimmt ein Lied an. Begleitet wird er dabei immer häufiger von seinem sechsjährigen Sohn Moritz. Diese Momente sind zu selten geworden und garantieren kann er sie auch nicht. „Wenn ich aber da bin, wenn eine Gruppe nach Musik fragt, dann wird bei uns auch heute noch zünftig Musik gemacht", freut sich der vielseitige Gastronom, der bei größeren angemeldeten Gruppen immer versucht, im Haus zu sein. Dann bekommt man in der schönen Gaststube bei Rostbraten, Maultaschen oder einem kleinen Vesper einen Eindruck davon, was es heißt, wenn über 250 Jahre Wirtshaus- und Familientradition gemeinsam gelebt werden. Aus der Küche kommen sowohl Spezialitäten der schwäbischen Küche als auch regionale bodenständige Gerichte, so wie sie hier den Stammgästen seit jeher schmecken.

Brauereigasthof zum Löwen

Feldhauserstraße 10
72501 Kettenacker

Telefon: 07734 / 6347

www.zum-loewen.com

Öffnungszeiten:
Sonntags zum Mittagstisch und jederzeit auf Voranmeldung für Gruppen
Dienstag–Samstag Dämmerschoppen am Stammtisch

36

GASTHOF FRIEDRICHSHÖHLE

IN HAYINGEN-WIMSEN

An der Quelle der Zwiefalter Aach, im Biosphärengebiet Schwäbische Alb, steht der historische Gasthof Friedrichshöhle. Neben der höchst reizvollen Landschaft mit Tälern, Wachholderheiden und Magerwiesen, den zahlreichen Höhlen und gefühlt ebenso vielen Burgen und Schlössern ist der zertifizierte Bio-Gasthof im Ortsteil Wimsen, etwa drei Kilometer nördlich von Zwiefalten, heute eines der attraktivsten Ausflugsziele der Region. Dazu trägt neben der Lage abseits allen Trubels der modernen Zeit natürlich auch die direkte Nachbarschaft zur Wimsener Höhle bei. Hier handelt es sich um Deutschlands einzige mit einem Boot befahrbare Höhle und gleichzeitig um die Quelle der Zwiefalter Aach. Der seit 2006 von Familie Tress bewirtschaftete Gasthof Friedrichshöhle ist in der seit Jahrhunderten hier stehenden ehemaligen Mühle untergebracht. Die einstige Bannmühle des Klosters Zwiefalten wurde bereits im 11. Jahrhundert erstmals urkundlich erwähnt.

Seinen Namen verdanken Höhle wie Gasthof einem Besuch durch Kurfürst Friedrich II., später König Friedrich I., im Jahr 1803. Phillip Christian Friedrich Graf von Norman-Ehrenfels war zu jener Zeit Staatsminister von Neu-Württemberg und schloss als Verhandlungsführer einen vorteilhaften Sonderfrieden mit Napoleon, wodurch sich Württemberg ausweiten konnte und Kurfürst Friedrich die Königswürde zuteilwurde. Zur Belohnung erhielt der Graf das Schloss Ehrenfels sowie die Wimsener Mühle samt Höhle zugesprochen. Die Familie Norman führte die Mühle dann bis in die 1920er-Jahre weiter, bis der Betrieb schließlich nach über 800 Jahren eingestellt wurde. Bis 1936 drehten sich die alten Mühlräder noch zur Stromgewinnung weiter, bevor auch sie durch eine moderne Turbine ersetzt wurden. Um das Mühlengebäude zu erhalten, wurde in den 1990er-Jahren der Förderkreis Wimsener Mühle gegründet, dessen Arbeit im Jahr 2006 in der Einweihung des Kulturdenkmals Wimsener Mühle gipfelte. Seither finden in den historischen Mauern regelmäßig kulturelle Veranstaltungen statt, und eine Dauerausstellung klärt über die Geschichte der Familie Norman, die Höhle sowie die bewegte Geschichte der Mühle auf. Außerdem beherbergt das Gebäude ein Informationszentrum des Biosphärengebiets.

Der Gasthof selbst befindet sich im ehemaligen Wohnhaus der Müller und den daran anschließenden Stallungen. Wann dieser Gebäudekomplex errichtet wurde, ist nicht genau bekannt. Verschiedene Daten

in den alten Holzbalken des ehemaligen Wirtschaftsgebäudes deuten auf eine Erbauung in der Mitte des 18. Jahrhunderts hin. Jedenfalls ist dem wunderbar restaurierten Gebäude sein Alter kaum anzusehen. Mit der Übernahme der Pacht durch Familie Tress im Jahr 2006 wurde der Gasthof modernisiert: Ein neuer Eingangsbereich, eine neue Theke und neues Holzmobiliar haben den Staub der Jahrhunderte vertrieben und lassen das Haus, in dem sich bis heute auch die Unterkünfte der Angestellten des Familienbetriebs befinden, in neuem Glanz erstrahlen. Auf 60 Plätzen innen und weiteren 140 Außenplätzen auf der sogenannten Forellenterrasse direkt an der Aach können Wanderer, Radfahrer, Höhlenforscher und sonstige Naturbegeisterte die zertifizierte Bio-Küche von Daniel Tress und seinem Team genießen. Und Bio ist bei Familie Tress nicht nur ein Wort. Bereits in den 1950er-Jahren hat Tress' Großvater angefangen, die eigene Landwirtschaft biologisch-dynamisch zu bewirtschaften. Er orientierte sich an den Richtlinien des ältesten deutschen Bioverbands und verkaufte seine Produkte im dazugehörigen ersten Gasthaus der Familie, dem heutigen Bio-Restaurant Rose, als Speisen aus Demeter-Anbau. Rinder, Schweine, Fische und alle anderen Produkte stammen bis heute von den Landwirten der Umgebung.

Einen praktischen Tipp hat Gastwirt Daniel Tress für seine Gäste: Wer seinen Ausflug zum Gasthaus Friedrichshöhle mit einer Erkundungstour der Höhle kombinieren möchte, der sollte seine Kahntickets bereits vor dem Essen kaufen. Da die flachen Boote nicht sonderlich schnell sind und die Höhle ein beliebtes Ausflugsziel für viele Tausend Besucher pro Jahr ist, kommt es leicht einmal zu längeren Wartezeiten. Diese kann man allerdings höchst genussvoll beispielsweise bei einem traditionellen Mönchsbraten im Gasthof überbrücken, bevor es dann frisch gestärkt durch den schmalen Höhleneingang rund 70 Meter in das Innere der Schwäbischen Alb geht. Ein Erlebnis, das man sich nicht entgehen lassen sollte!

Oben: Alte Ansichten der bis in die 1920er-Jahre betriebenen Mühle

Gasthof Friedrichshöhle

Wimsen 1
72534 Hayingen-Wimsen

~

Telefon: 07373 / 915260

~

www.tress-gastronomie.de

Öffnungszeiten:
1. April–30. November
täglich 11:30–19:30 Uhr
Freitag und Samstag
bis 20.30 Uhr
Dezember bis März
Samstag und Sonntag
11:00–17:00 Uhr

37

Gasthaus Hotel zum Kreuz in Stetten

Inmitten der knapp 5000 Einwohner zählenden Gemeinde Stetten am kalten Markt betreibt Familie Graf eines der ältesten Wirtshäuser im südbadischen Raum. Das Hotel und Gasthaus zum Kreuz in der Hauptstraße 9 befindet sich in einem 1553 erbauten Fachwerkbau, der, in jüngster Zeit renoviert, heute zu einem kulturellen Aushängeschild der Stadt geworden ist. Dabei wäre es um das alte Haus am Ende des letzten Jahrhunderts beinahe geschehen gewesen. Nur dem Zufall, dem geistesgegenwärtigen Handeln eines früheren Pächters und einer engagierten Interessengemeinschaft ist es zu verdanken, dass das mehrstöckige Haus heute überhaupt noch steht.

Doch der Reihe nach: Ursprünglich wurde das Gebäude 1553 als Wohnhaus der Herren von Hausen als „Mockisches Haus" errichtet, in dem auch der Amtssitz des Obervogts angesiedelt war.

Das einflussreiche Adelsgeschlecht prägte den Ort auch sonst und ließ etwa das Spätrenaissance-Schloss Stetten, das heute als Rathaus dient, sowie die Kirche St. Mauritius erbauen. Nach dem Aussterben des Geschlechts kam das Haus 1682 in den Besitz von Albrecht Fugger, Graf von und zu Kirchberg. Gut zwanzig Jahre blieb es in der Hand der bekannten schwäbischen Kaufmannsfamilie, bevor es im Jahr 1705 an einen gewissen Max Fischer verkauft wurde. Dieser

änderte den Namen in Gasthaus zum Kreuz und erhielt das Recht, hier Bier zu brauen und Wein auszuschenken. Seither wird das Kreuz bis heute nahezu durchgehend als Gastwirtschaft betrieben.

Das bereits angesprochene Ende hätte das Traditionshaus beinahe im ausgehenden 20. Jahrhundert ereilt. Nach langen Jahren der Vernachlässigung sollte das Haus 1972 abgerissen werden. Die Maschinen standen bereits auf dem Hof, als sich der Abrisstermin noch einmal um zwei Wochen verzögerte. Diese Zeit, so berichtet es heute Besitzer Hans-Joachim Lehmann, nutzte der letzte Pächter des Hauses, um das Gebäude quasi in letzter Sekunde unter Denkmalschutz stellen zu lassen. Der Abriss wurde abgesagt, trotzdem musste das Gebäude wegen Einsturzgefahr geräumt werden. 1976 wurde der „Verein zur Pflege und Erhaltung heimatlichen Kulturgutes" gegründet und die baugeschichtliche Untersuchung begann. Fast zehn Jahre später gründete sich auf diesen Erkenntnissen dann eine Interessengemeinschaft zur Erhaltung und Pflege des Kulturdenkmals Gasthaus Kreuz in Stetten.

Dank der Initiative dieser Gemeinschaft wurde das Gebäude ab 1985 mit privaten und öffentlichen Geldern gerettet und restauriert. Heute erinnert eine gusseiserne Platte mit den Namen und Berufen an die fünf Mitglieder der Interessengemeinschaft. Zwei Jahre später öffnete das grundsanierte Gasthaus wieder seine Tore und seine Küche für hungrige Gäste. Leider fand in den Folgejahren keiner der Pächter wirklich sein Glück im Kreuz. Als 2004 auch der Besitzer seine Schulden nicht mehr bedienen konnte, wurde das Haus zwangsversteigert. Jetzt schlug die Stunde von Hans-Joachim Lehmann: „Meine Frau und ich hatten schon immer eine Vorliebe für alte Häuser und wir haben uns einfach in das Kreuz verliebt. Hier hat wirklich das Herz über den Kopf gesiegt", erklärt der stolze Besitzer. Die Fassade be-

Links: Das stattliche Gebäude wurde im 16. Jahrhundert errichtet und seit 300 Jahren als Gastwirt-schaft genutzt. 1972 entging es in letzter Sekunde dem Abriss

kam ihr heutiges Aussehen, und im Innern wurden sowohl die Fremdenzimmer als auch die Gasträume der Wirtschaft auf den neuesten Stand der Technik gebracht. Anschließend verpachtete Lehmann das Kreuz wieder, bis im Jahr 2016 sein Enkel Lukas Graf die Führung übernahm. Seither wird das Kreuz fast als reines Familienunternehmen geführt, in dem Graf für den Service zuständig ist, während Mutter, Großmutter und Onkel in der Küche stehen. Allerdings hat der wunderschöne Gastraum mit der hölzernen Kassettendecke und dem Kachelofen nur an drei Tagen in der Woche geöffnet. Am Mittwoch gibt es hier regelmäßig ein Vesperbüfett, am Samstag gibt es Burger und sonntags wird im Kreuz gebruncht.

Neben einer Figur des heiligen Gambrinus besteht die schlichte Dekoration des Gastraumes unter anderem aus einem großen Foto des Gasthauses aus der Zeit um 1914 sowie aus einer alten Wanduhr, die Großvater Lehmann seinem Enkel zur Übernahme der Pacht geschenkt hat. Der ebenfalls modern renovierte Nebensaal kann mit dem großen Gastraum verbunden werden. So finden hier bis zu 80 Personen Platz. Die Räume können auf Anfrage für Feiern gemietet werden und die Gesellschaften können dann frei entscheiden, was die Küche des Hauses für sie zaubern soll.

Im alten Gewölbekeller hat von Mittwoch bis Sonntag zusätzlich ein Pilspub geöffnet. Hier treten die Gäste durch ein Holzportal, dessen Säulen ehemalige Stützpfeiler des schon lange zu Gästezimmern umgewandelten Tanzbodens sind. Quer darüber liegt ein Holzbalken unbekannten Alters, in den das ursprüngliche Erbauungsdatum 1553, das Renovierungsdatum 1987 sowie die Initialen der Mitglieder der Interessengemeinschaft eingraviert sind. Der weißgetünchte Gewölbekeller verfügt über eine eigene Bar und ist eine beliebte Anlaufstelle für Hotelgäste wie auch für die Einwohner von Stetten am kalten Markt.

Gasthaus Hotel zum Kreuz

Hauptstraße 9
72510 Stetten am kalten Markt

Telefon: 07573 / 9547677

www.kreuz-stetten.de

Öffnungszeiten:
Mittwoch, Samstag
17:00–23:00 Uhr
Sonntag 10:00–14:00 Uhr
Kreuzkeller:
Mittwoch 19:00–01:00 Uhr
Freitag, Samstag
19:00–03:00 Uhr

38

HOTEL GASTHOF NEUMÜHLE IN BEURON

Inmitten des Naturparks Obere Donau, zwischen Hausen im Tal und Gutenstein, direkt unterhalb der Burgruine Falkenstein, steht der Gasthof Neumühle. Die namengebende „neue Mühle" wurde hier auf der linken Seite der Donau im Jahr 1717 unter anderem aus den Steinen der 150 Meter über dem Tal thronenden Burgruine errichtet. Da die Burg aus dem 12. Jahrhundert bereits im 17. Jahrhundert für unbewohnbar erklärt wurde, verwendete man das Abbruchmaterial für die Errichtung der Mühle auf der anderen Donauseite, obwohl Steinraub in der Regel widerrechtlich war. Bis Ende des 19. Jahrhunderts kämpften dann viele Müller mit den schwierigen Bedingungen des schmalen Tals und den zum Teil stark schwankenden Pegelständen der Donau. Nach der Stilllegung des Mühlbetriebs wurde das gesamte Inventar 1890 versteigert. Die Gebäude blieben sich selbst überlassen, bis Jakob Stengele, seinerzeit Bürgermeister von Gutenstein und Ur-

großvater des heutigen Besitzers Wolfgang Sessler, das Mühlgut im Jahr 1919 kaufte. Er richtete die ersten Gästezimmer und eine Wirtschaft ein, die bis heute von der Familie Sessler betrieben wird. Ein Anbau aus den 1950er-Jahren mit großem Saal und eigenem Hallenbad wich 1994 einem Neubau mit elf Gästezimmern. Ein zweiter Anbau aus den 1960er-Jahren beherbergt das Restaurant.

Wolfgang Sessler übernahm die Neumühle im Jahr 2010 von seinen Eltern und führte eine grundlegende Sanierung durch. Im Eingangsbereich entstand eine eigenständige Rezeption für die Hotelgäste, die tragenden Holzpfeiler aus der Mühlenzeit wurden von ihren Verkleidungen und zentimeterdicken Farbschichten befreit und die alte Mühle als Ganzes ins 21. Jahrhundert befördert. Dabei wurde sorgsam darauf geachtet, möglichst viel von der originalen Bausubstanz zu erhalten. Dachstuhl und Fachwerk des Hauses stammen aus der Mühlenzeit, das Holz der kleinen Stube, dem Nebenraum des Restaurants, aus Gebäuden des 18. Jahrhunderts. Der Raum bietet Platz für 25 Personen, hat eine umlaufende Sitzbank, eine halbhohe Holzvertäfelung und einen bei der letzten Renovierung handgesetzten Kachelofen, der sich mit seiner runden Bauweise perfekt in das wohlige Ambiente der Stube einfügt. Verziert wird er von einer handbemalten Kachel, die das Mühlengut um das Jahr 1950 zeigt.

Vom Nebenstüble schauen wir durch eine Glasfront mit Tür in den Anbau, das eigentliche Restaurant der Neumühle. Dieser Raum wurde 2010 bewusst als Kontrast zur alten Stube modern restauriert. Große Fenster an drei Seiten des Anbaus geben den Blick auf die vorüberfließende Donau und die darüber auf der Felskante sichtbare Burgruine frei, und in der hellen Kassettendecke versenkte Strahler schaffen auch an den dunkelsten Wintertagen eine freundliche Atmosphäre. Für die richtige Temperatur sorgt dann der Kachelofen, der durch die Trennwand zum Stüble in das Restaurant hineinreicht. Für aufmerksame Beobachter bietet die Trennwand noch einen besonderen Aha-Effekt: Auf der Stüble-Seite wurde für Trennwand und Tür altes Holz verwendet, auf der Seite des Restaurants ist die gleiche Wand hingegen mit neuem Holz verkleidet. Es sind diese Details, die zeigen, mit wie viel Liebe Familie Sessler am eigenen Betrieb arbeitet. 70 Gäste finden im Restaurant immer bequem einen Platz. Und diese Plätze sind

Rechts: Die kleine Stube mit Kachelofen.
Unten: Historischer Holzpfeiler vor der Rezeption

vor allem in den Sommermonaten gefragt. Besonders Radtouristen kehren dann in der Neumühle zum Essen ein oder übernachten hier; direkt hinter dem Haus, entlang der im Sommer für rund 45 Gäste geöffneten Terrasse, verläuft der bekannte Donauradweg. Mit seinem Ausgangspunkt in Donaueschingen stellen die 89 Kilometer bis zur Neumühle für viele Radler die perfekte erste Tagesetappe auf ihrer Tour dar. Hinzu kommen die vielen Wanderer, Kletterer, Kanufahrer und Naturliebhaber, die den Naturpark Obere Donau im Sommer bevölkern. In der Neumühle erwartet sie dann die regionale Küche von Chef Wolfgang Sessler und seinem Team: Käsespätzle mit Röstzwiebeln oder gebackene Forelle mit Salzkartoffeln und dazu ein Bier oder Wein aus der Region. Da wird sich so mancher Radler fragen, ob er nicht schon nach der ersten Tagesetappe einen Ruhetag einlegen soll, um die Vorzüge der Neumühle noch etwas länger genießen zu können.

Hotel Gasthof Neumühle

Neumühle 1
88631 Beuron

Telefon: 07570 / 278

www.neumuehle.de

Öffnungszeiten:
Täglich 11:00–22:00 Uhr
Warme Küche durchgehend
bis 20:00 Uhr
Ruhetag: Donnerstag

39

HOTEL RESTAURANT TRAUBE IN SIGMARINGEN

Sigmaringen, die knapp 20 000 Einwohner zählende Kreisstadt an der oberen Donau, lockt mit einer Fülle von Angeboten sowohl für sportlich aktive als auch für kulturhistorisch interessierte Besucher. Etwa 40 Kilometer nördlich des Bodensees, am Rand der Schwäbischen Alb und im Herzen des Naturparks Obere Donau gelegen, ist Sigmaringen ein Paradies für Aktivurlauber. Alleine sieben ausgewogene Radtouren von familienfreundlich bis schweißtreibend werden im Rahmen der „Radregion rund um Sigmaringen" angeboten. Und während die einen die herrliche Natur mit dem Rad durchstreifen oder auf einem der fünf neuen Premiumwanderwege der „DonauFelsenLäufe" maschieren, genießen die Kletterer die atemberaubende Aussicht von einer der steil aufragenden Steinwände im Donautal. Und natürlich gibt es auch hier die Möglichkeit, den Fluss gemütlich mit dem Kanu zu erkunden.

Fast noch mehr Auswahl gibt es in Sigmaringen für all diejenigen, die sich für die örtliche und die baden-württembergische Geschichte interessieren. Seit dem 16. Jahrhundert ist Sigmaringen fürstliche Residenz der Hohenzollern. In dieser Zeit begann der Aus- und Umbau der alten Sigmaringer Burg zum Schloss, das bis heute über der Stadt thront und mit seinen vielen Erkern und Türmchen das Stadtbild be-

*Links: Das Fachwerk der Traube stammt aus dem Jahr 1722.
Rechts: Die Gaststube wurde 1998 neu eingerichtet*

stimmt. Das imposante Wahrzeichen der Stadt kann man im Rahmen von Schloss- und Stadtführungen erkunden. Und auch in der Altstadt finden sich zahlreiche wunderbar restaurierte und sanierte Schmuckstücke aus vergangenen Jahrhunderten, unter ihnen das Hotel Restaurant Traube. Der 1722 errichtete und 1982 grundlegend umgebaute Fachwerkbau fällt sofort ins Auge. Bei der letzten Renovierung wurde das Gebäude allerdings komplett entkernt, sodass aus dem Erbauungsjahr nur noch das Fachwerk erhalten ist. Die Geschichte des Hauses ist in einer ausführlichen Chronik bewahrt, die sich im Besitz von Ewald und Eva Erath befindet. Beide betreiben die Traube seit 1980 und sind seit 1982 Besitzer des historischen Schmuckstücks.

An der Stelle, an der seit 1722 die Traube steht, gab es zuvor bereits seit dem 16. Jahrhundert das Gasthaus Adler. In diesem soll die Familie vom Marcus Rey gelebt und gearbeitet haben, der später als hl. Fidelis, Stadtpatron von Sigmaringen, bekannt wurde. Der Adler brannte ab und an dessen Stelle errichtete Schultheiß Michael Dannegger die Traube. Eine nachkolorierte Ofenplatte mit seinem Namen, dem österreichischen Doppeladler und der Jahreszahl 1722 hängt heute in der Gaststube der Traube. Ein weiterer bekannter Traubenwirt war Fidelis Wolfer, der den Betrieb 1888 übernahm und aufgrund seiner Geschäftstüchtigkeit im Jahr 1900 von Fürst Leopold von Hohenzollern zum Hoflieferanten ernannt wurde, was bis dahin noch keinem Sigmaringer Gastronomen gelungen war.

Als Eva und Ewald Erath die Traube 1982 kauften, war sie in einem sehr renovierungsbedürftigen Zustand. Kurzerhand wurde alles oberhalb des Erdgeschosses erneuert und mit komplett neuen Gästezimmern ausgestattet. 1998 folgte dann die Sanierung des Erdgeschosses. In der Gaststube stammen der Kachelofen und die Bleiglasscheiben im Eingangsbereich noch aus der Mitte des 20. Jahrhunderts. Die umlaufende gepolsterte Sitzbank, das Holzmobiliar und die offene Schanktheke schaffen in dem kleinen Gastraum eine angenehme Atmosphäre. Der ähnlich eingerichtete Nebenraum wird sowohl als Frühstücksraum für die Übernachtungsgäste als auch im täglichen Restaurantbetrieb genutzt. Seit 2007 haben in der Traube die beiden Töchter Manuela Stahl und Silvia van Genabith das Sagen. Unter ihrer Leitung wurden 2015 das Nebengebäude dazugekauft und ein dritter Gastraum eingerichtet. Und obwohl dieses Haus sogar noch älter ist als das Stammhaus der Traube – eine Inschrift datiert es mit dem Jahr 1571 –, ist der dritte Speiseraum eindeutig der modernste. Große Fenster, Spiegel und

moderne Kunst an den Wänden bilden einen spannenden Kontrast zur langen Geschichte des Hauses. Ein neuer Durchbruch zwischen den Häusern ermöglicht eine unkomplizierte Bewirtschaftung, und die häufig nach Sigmaringen kommenden Bustouristen finden in dem großen Raum genügend Plätze für eine gemeinsame Mahlzeit vor. Aber natürlich gilt für alle, ob Kultur- oder Aktivtourist, Einheimischer oder Durchreisender: Am besten genießt man im Sommer seinen Zwiebelrostbraten oder die hausgemachten Maultaschen und Spätzle auf der Terrasse vor der historischen Fassade der beiden Altstadthäuser am Fuße des Hohenzollernschlosses.

Hotel Restaurant Traube

Fürst-Wilhelm Straße 19
72488 Sigmaringen

❧

Telefon: 07571 / 64510

❧

www.hotel-
traube-sigmaringen.de

❧

Öffnungszeiten:
Mai–September
täglich 07:00–23:00 Uhr
Oktober–März
Sonntag–Freitag
07:00–14:00 Uhr
und 16:30–22:00 Uhr
Ruhetag: Samstag

Oben: Der modernste Raum befindet sich im ältesten Gebäudeteil. Rechts: Ofenplatte mit dem Namen des Erbauers der Traube und österreichischem Doppeladler

146

40

RESTAURANT BRUNNENSTUBE IN SCHEER

Was passiert, wenn ein handwerklich begabter französischer Koch, eine schwäbische Restaurantfachfrau und ein 500 Jahre altes, renovierungsbedürftiges Bauernhaus in der oberschwäbischen Provinz aufeinandertreffen? Im Falle der Brunnenstube wird daraus die Erfolgsstory einer glücklichen Liebe und eines exquisiten Restaurants, wie man es in dem Flecken Scheer im Landkreis Sigmaringen nicht erwarten würde. Als Rita und Fabrice Coquelin 1982 das stattliche Anwesen an der Hauptstraße des Ortes erwarben, stand es seit einigen Jahren leer. Zuvor, seit der Zeit des Eisenbahnbaus in Scheer um 1870, war es als Wirtschaft „Zum Deutschen Hof" betrieben worden. Ursprünglich aber war das historische Gebäude die Zehntscheuer des über dem Ort thronenden Schlosses der

Grafen von Waldburg-Scheer. Ein restaurierter Sandsteinbogen aus dem 15. Jahrhundert auf der Rückseite des Gebäudes zeugt noch heute von der ursprünglichen Nutzung als Scheune und Lager. Anfang der 1980er-Jahre diente der vordere Teil des heutigen Restaurants noch als Stall, und so stand für den Koch aus Mantes-la-Jolie in Frankreich und seine Frau aus Sigmaringendorf als erstes eine ausgedehnte Renovierung auf dem Plan. Sie kauften das Haus vom damaligen Besitzer, der Brauerei Götz, und fingen an, sich ihren Traum vom eigenen Restaurant zu erfüllen. Aus dem Stall wurde eine Küche, aus Teilen der Scheune eine Erweiterung des Nebenzimmers und somit aus dem Deutschen Hof das Restaurant Brunnenstube.

Dabei war und ist es eine Fügung des Schicksals, dass Küchenchef Coquelin nicht nur ein Verfechter der gehobenen Küche, sondern auch ein passionierter Handwerker ist. Rund 80 Prozent aller Arbeiten am Haus hat er bis heute selbst erledigt. So trägt auch die 1989 erfolgte Renovierung seine Handschrift. Der große aufgemalte Hahn (französisch coq) an der Stirnseite des Hauses, das Markenzeichen der Coquelins, wurde hingegen von dem bekannten Stuttgarter Graffiti-Künstler Maximilian Frank gesprüht.

Im Restaurant teilen sich die knapp 50 Sitzplätze auf zwei Räume auf. Der lichtdurchflutete Nebenraum besticht durch den Kontrast zwischen edel eingedeckten Tischen, hellen Wänden und der dunklen Holzdecke. Diese besteht aus den original erhaltenen Holzbalken, das Holz für den angebauten linken Teil des Raums stammt von anderen Stellen im Haus. Für die Dekoration zeichnet Rita Coquelin verantwortlich. Sie achtet bei ihren regelmäßigen Umgestaltungen darauf, dass die Zierelemente immer dem Anspruch ihres Hauses gerecht werden und niemals überhandnehmen. Die Wände des gesamten Restaurants schmücken Bilder der Scheerer Künstlerin Lucie Hassa, die vom Restaurantgast bei Gefallen gerne käuflich erworben werden können. Davon ausgenommen sind die Bilder im Eingangsflur des Lokals. Hier hängen Werke der im Nachbarhaus geborenen und mittlerweile international renommierten Künstlerin Editha Pröbstle. Sie gehören zur privaten Sammlung der Coquelins.

In der Wirtsstube befindet sich die Schanktheke des Hauses. Natürlich ist auch sie kein Stück „von der Stange". Die Vertäfelung besteht aus kunstvoll verziertem Holz, das ursprünglich den Treppenaufgang schmückte. Ein gusseiserner Holzofen sorgt für angenehme Wärme, und die freigelegten Deckenbalken sowie die noch von der Vorbesitzer-Brauerei eingebaute, umlaufende und farblich verzierte halbhohe Holzvertäfelung runden das Bild der gemütlichen Stube ab. Die Tische sind edel gedeckt und der Gast speist mit echtem Silberbesteck. Und was zaubert der Franzose zusammen mit seinem kleinen Küchenteam für seine Gäste? Am liebsten französische Haute Cuisine mit regionalem, schwäbischem Charme.

Da kann man sich dann schon mal auf Safranfischcremesuppe, Perlhuhnconsommé und Hirschfilet an Rotweinsauce mit Eierspätzle freuen. Und dass der Hobbyhandwerker seinen gelernten Beruf beherrscht, bestätigen neben der großen Zahl immer wiederkehrender Gäste auch die Empfehlungen in den einschlägigen Magazinen und Führern wie Der Feinschmecker, Michelin, Schlemmer Atlas, Varta und Gusto. Es hat sich herumgesprochen, dass ein deutsch-französisches Paar in Scheer sein Glück gefunden hat und es mit allen seinen Gästen teilt.

Oben: Das Restaurant wurde 1989 von Besitzerpaar Rita und Fabrice Coquelin liebevoll und eigenhändig renoviert

Brunnenstube
Scheer

Mengener Straße 4
72516 Scheer

Telefon: 07572 / 3692

www.brunnenstube-scheer.de

Öffnungszeiten:
Dienstag–Sonntag
ab 18:00 Uhr
Freitag, Sonntag
11.30–14:00 Uhr
und nach Vereinbarung

150

41

KLOSTERGASTHOF ADLER
IN OBERMARCHTAL

Ein wahrhaft historisches Gasthaus mit einer wahrlich wunderbar dokumentierten Geschichte ist der Klostergasthof Adler in Obermarchtal. Das Wirtshaus wurde 1737 direkt vor den Mauern des ehemaligen Prämonstratenser-Chorherrenstifts Marchtal, am Marktplatz von Obermarchtal, errichtet, um Durchreisende und Gäste des Klosters zu beherbergen und zu versorgen. Das Kloster selbst wurde 1171 durch Pfalzgraf Hugo von Tübingen gegründet, nachdem zuvor an dieser Stelle bereits seit 776 ein Benediktinerkloster und ab etwa 993 ein den Aposteln Petrus und Paulus geweihtes Kanonikalstift existierten. Die imposante Klosteranlage mit den beiden markanten Zwiebeltürmen liegt etwa 15 Kilometer südwestlich von Ehingen und grüßt jeden Besucher schon von weitem bei der Anfahrt. Die durch den Dreißigjährigen Krieg schwer beschädigte Anlage wurde zwischen 1686 und 1769 neu errichtet und bildete in ihrer frühbarocken Bauweise

den Beginn der oberschwäbischen Barockepoche. Heute ist sie die einzige architektonisch in sich geschlossene, vollendete und komplett erhaltene barocke Klosteranlage Oberschwabens. Die Klosterkirche (Bauzeit 1686–1701) wurde 2001 zum Münster erhoben und birgt Kunstschätze ersten

Ranges, wie etwa die frühbarocke Ausstattung mit weißem Wessobrunner Stuck, das Chorgestühl von Paul Speisegger (1690), die Orgel von Johann Nepomuk Holzhey (1782–84) und die Sakristei mit geschnitzten Paramentenschränken aus Eichenholz. Das Glockenspiel mit 13 Glocken ist das größte historische in Baden-Württemberg.

Aus der unmittelbaren Nachbarschaft von klösterlicher Zucht und Ordnung erklärt sich wohl die Überlieferung einiger aus heutiger Sicht recht unterhaltsamer Anekdoten im Gasthof Adler. So wird aus dem Jahr 1754 berichtet, wie der Adler in Verruf geriet, nachdem sich junge Frauen dort „schlecht vergnügt haben, da sie vom unvermischten Rotwein, dem Feind weiblicher Zurückhaltung, betrunken waren, zum größten Ärgernis der Bewohner von Marchtal, und sogar sich erbrachen". So hält es die Chronik des Hauses fest. Aber die Zeiten, in denen man in Obermarchtal skeptisch auf das Treiben im Adler geschaut hat, sind längst vorüber – spätestens, seitdem sich Familie Schultz 2011 des in die Jahre gekommenen Gasthauses angenommen hat, das seit 2002 leer stand und langsam verfiel. Eine 14 Monate dauernde Renovierung verhalf dem Haus zu seiner heutigen Pracht. Seit 2015 fuhrt Judith Schultz Regie im Adler und hat sich damit vor den Toren des Klosters ihren weltlichen Wunsch einer eigenen Gastronomie erfüllt.

Oben: Der großzügige Gastraum mit der sorgfältig restaurierten barocken Holzdecke

Besonders in der historischen Gaststube lassen sich Zeugnisse der langen Geschichte des Hauses entdecken. So stammt die bemalte Holzkassettendecke aus dem Jahr 1737. Sie wurde 2013 in fachmännischer Kleinstarbeit restauriert und strahlt wieder in ihren ursprünglichen Farben. Sie zeigt unter anderem die drei Erzengel, wobei deren Darstellungsweise so außergewöhnlich ist, dass selbst Kunstexperten nicht exakt sagen können, welches Bild welchen Erzengel darstellt. In der Mitte der Decke sieht man den hl. Norbert von Xanten, den Stifter des Prämonstratenser-Ordens, im Moment der Vorsehung für den Bauplatz des Klosters. Unter den Augen der Heiligen finden heute rund 45 Gäste Platz. Das neu verlegte geölte Holzparkett und die dezente Dekoration aus Pflanzen in den Fensternischen, einigen Familienerbstücken und originalen Fotografien wie vom Musik- und Gesangverein Obermachtal aus dem Jahr 1908, schaffen eine sehr einladende Atmosphäre. Dazu trägt auch das Mobiliar aus massivem Holz bei. Wie alt die Tische und Stühle sind, lässt sich nicht mehr nachvollziehen. Sicher aber ist, dass zumindest die Rückenlehnen der Stühle aus Kirschholz handgefertigt wurden und damit jedes Exemplar ein Stück Geschichte ist. Nicht verwirren lassen darf man sich von der Inschrift 1791 über der Eingangstür. Die Jahreszahl bezeugt nicht, wie sonst so häufig, das Erbauungsdatum, sondern das Jahr des vermutlich ersten größeren Umbaus.

Um heute dem großen Andrang von Besuchern des Klosters und vor allem von Radwanderern, die dem Donauradweg folgen, gerecht zu werden, hat Familie Schultz einen modernen Saal für weitere 100 Gäste in der zweiten Hälfte des Hauses eingerichtet. Hier finden auch große Reisegruppen ein gemütliches Plätzchen, und selbstverständlich wird der Raum auch für Veranstaltungen, Feste oder im Tagesgeschäft genutzt. Für alle baugeschichtlich Interessierten wurde im Gang zwischen historischer Stube und neuem Saal eine Plexiglasscheibe in der Decke installiert, hinter der man einen sogenannten Lehmwickel, eine original Wandverfüllung aus dem Jahr 1737, betrachten kann. In den Sommermonaten genießt man im Biergarten die ungetrübte Sicht auf die Klostergebäude. Dann zieht vor allem auch das Nest eines seit Jahren hier ansässigen Storchenpaares die Blicke der Gäste auf sich. Jedes Jahr wird auf einem der Schornsteine des Klosters mit viel Geklapper der Nachwuchs großgezogen. Und während die Storcheneltern ihre Kleinen mit dem versorgen, was die weitläufige Wiesenlandschaft rund um Obermachtal und entlang der Donau zu bieten hat, serviert Judith Schultz ihren Gästen unter anderem die Leckereien aus der Gänse-, Hühner und Entenzucht ihres Vaters. Bei der sympathischen Chefin des Hauses fehlen aber auch die regionalen Klassiker wie Zwiebelrostbraten oder hausgemachte Maultaschen nicht auf der Karte. Auch wer erst nachmittags im Adlerhorst ankommt, kann sich immer darauf verlassen, etwas Hausgemachtes zu bekommen. Denn alle Backwaren, von den Kuchen und Törtchen über die Cantuccini zum Kaffee bis hin zu den Weihnachtsplätzchen, werden in liebevoller Hausarbeit von Judith Schultzs Schwester gebacken. Und wer sich im Adler dann so richtig satt gegessen hat, der schlendert zur Verdauung am besten ein bisschen über das Klostergelände. Ein Besuch der Klosterkirche sorgt für ausgleichende seelische Erbauung.

Klostergasthof Adler

Hauptstraße 1
89611 Obermachtal

Telefon: 07375 / 9225320

www.klostergasthof-adler.de

Öffnungszeiten:
Täglich ab 10:00 Uhr
Ruhetag: Mittwoch

GASTHOF BÄREN

IN SCHELKLINGEN-HÜTTEN

Ausgedehnt Hangbuchenwälder, weitläufige Streuobstwiesen, vielfältige Heckenlandschaften und Wacholderheiden, Mischwälder und ungestörte Bachläufe – all das kennzeichnet die einzigartige Kulturlandschaft des UNESCO-Biosphärengebiets Schwäbische Alb. Ganz im Osten dieses Schutzgebiets liegt im roman-

tischen Schmiechtal und etwa neun Kilometer von Schelklingen der Ortsteil Hütten. Die ersten Spuren menschlicher Besiedelung in der Region gehen bis weit in die Steinzeit zurück. So wurde bei Schelklingen in der Höhle „Hohle Fels" eine 40 000 Jahre alte Venusfigur gefunden; es ist die weltweit älteste künstlerische Nachbildung einer Menschenfigur. Eine ebenfalls dort entdeckte, ebenso alte und aus einem Gänsegeierknochen geschnitzte Flöte gilt als eines der ältesten Musikinstrumente der Welt. Kein Wunder, dass im Juli 2017 der Hohle Fels zusammen mit

fünf weiteren Höhlen der Region von der UNESCO wegen der dort entdeckten ältesten Zeugnisse menschlichen Kunstschaffens unter dem Titel „Höhlen und Eiszeitkunst im Schwäbischen Jura" in die Welterbeliste aufgenommen wurde.

Später nutzten Römer und Kelten die vielen Täler als Verbindungswege zwischen Donau, Neckar und Limes. 1494 wird Hütten erstmals schriftlich erwähnt. Heute nimmt der kleine Ort aufgrund seiner Lage und seiner engagierten Bewohner einen festen Platz in der Weiterentwicklung der gesamten Region ein. Hier findet man das Biosphäreninfozentrum der Stadt Schelklingen sowie das Dorfhaus Hütten mit Museum, in dem die Geschichte des Ortes und der Reichsherrschaft Justingen anschaulich dargestellt werden. Und in direkter Nachbarschaft zu diesen Anziehungspunkten für Touristen und Einheimische steht das Dorfgasthaus Bären.

Etwa 1720 errichtet, bildet der Bären seither den gesellschaftlichen Mittelpunkt des kleinen Ortes. Ursprünglich stand oberhalb von Hütten die Burg der Herren von Justingen. Sie wurde bereits 1565 abgebrochen und in der Folge von Michael Ludwig von Freyberg durch ein neues Schloss ersetzt, das später von Herzog Karl von Württemberg übernommen wurde. 1834 kaufte die Gemeinde Hütten das Schloss zum Abbruch. Bis zu diesem Zeitpunkt legten alle Fuhrwerke, die Waren vom oder zum Schloss transportierten, Rast im Bären ein. In der Zeit von 2005 bis 2014 wurden die Schlossruinen und der noch vorhandene Gewölbekeller vom Förderverein für Kultur- und Heimatpflege in mühsamer Handarbeit saniert und für Besucher zugänglich gemacht – aktiv unterstützt vom Gasthof Bären.

Nach dem Bau der Bahnlinie Schelklingen–Münsingen kam dem Bären ab 1901 wieder eine ähnliche Rolle zu, als Fuhrwerke Waren zum und vom neu eröffneten Bahnhof in Hütten in die angrenzenden Gemeinden brachten. Zur Stärkung von Mensch und Tier wurde auch in dieser Zeit im Bären Einkehr gehalten. Die Geschichte der Eisenbahn, von der Eröffnung des Bahnhofs bis zu seiner offiziellen Schließung und der erneuten Inbetriebnahme in neuester Zeit für Schüler und Touristen, wird im Dorfhaus museal präsentiert. Bis zum Zweiten Weltkrieg verfügte der Gasthof noch über eigene Stallungen. Oberhalb des Gastraumes befand sich bis in die 1960er-Jahre außerdem ein Veranstaltungssaal, der dann den ersten Gästezimmern weichen musste.

Seit gut 20 Jahren betreibt Pächter Kurt Kaiser zusammen mit Marcus Killinger den Bären als Familienbetrieb. Anfangs galt es, das in die Jahre gekommene Gasthaus wieder auf Vordermann zu bringen. Das Haus wurde saniert, das alte Fachwerk freigelegt und ein Wintergarten angebaut. Dabei wurde penibel darauf geachtet, dass das, was im Original erhalten werden konnte, besonders das Fachwerk und die tragenden Balken, auch erhalten blieb. Die Holzvertäfelung in der Wirtsstube stammt aus dem Jahr 1890. Damals hatte ein Brand den vorderen Teil des Wirtshauses zerstört. Ob die heute an dieser Stelle in der Außenwand sichtbaren Steine tatsächlich, wie mündlich überliefert, vom 55 Jahre zuvor abgebrochenen Schloss stammen, ist nicht bestätigt.

Die gemütliche Gaststube mit Platz für rund 45 Personen macht dem Namen des Gasthofes alle Ehre. Hier findet man Bären in allen Farben und Formen, aus Plüsch, aus Holz oder Porzellan, als Puppen, als Schilder, als Kissen oder große Standfiguren, auf Fotos oder gemalten Bildern. Dazu kommen die saisonal wechselnde Blumendekoration sowie einige Jagdtro-

phäen und Bilder von denkwürdigen Feiern im Dorfgasthaus. Und von denen gab es viele, was auch daran liegt, dass Musikanten im Bären ausdrücklich erwünscht sind. Jeden letzten Sonntag im Monat wird im Bären, der vom Landesmusikrat als musikantenfreundlich ausgezeichneten Gaststätte, zünftig aufgespielt.

Die rot-weiß-karierten Vorhänge, der 90 Jahre alte Kachelofen und die gepolsterte umlaufende Sitzbank tragen ihr Übriges zum Wohlbehagen der Gäste bei. Der neu angebaute Wintergarten dient als Erweiterung des Gastraumes, kann allerdings auch komplett von diesem abgetrennt und als separater Raum für Veranstaltungen oder größere Gruppen genutzt werden. Der helle Wintergarten ist zwar moderner, steht dem historischen Gastraum in Sachen Dekoration aber in nichts nach.

Und so verwundert es nicht, dass sich im Bären täglich Wanderer, Motoradfahrer, Radfahrer, Musikanten und Einheimische gleichermaßen einfinden, um nach dem Genuss von Natur und Geschichte rund um Hütten den Tag mit der guten, handgemachten schwäbischen Küche von Kurt Kaiser und Marcus Killinger zu veredeln.

43

Hotel-Restaurant Ochsen in Blaubeuren

Die Geschichte Blaubeurens am Fuße der Schwäbischen Alb, gute 20 km von Ulm entfernt, geht auf die Gründung eines Benediktinerklosters um 1085 zurück. Frühe Klöster lagen oft abseits der großen Straßen am Ende von tiefen Tälern, um vor Raubrittern sicher zu sein, sie brauchten aber als wichtigste Lebensgrundlage fließendes Wasser. Das quillt bis heute aus dem sogenannten Blautopf, einer kreisrunden Karstquelle, die von dem Wasser eines ausgedehnten Höhlensystems unter der Schwäbischen Alb gespeist wird. Dem Blautopf entspringt das Flüsschen Blau, das nach 22 km in Ulm in die Donau mündet. Einige der schwäbischen Karsthöhlen wurden übrigens im Sommer 2017 zum UNESCO-Welterbe erhoben und sind seitdem noch besser geschützt.

Die Stadt entwickelte sich gemeinsam mit dem Kloster, hatte aber verschiedene Herrschaften in der Geschichte, wie die Pfalzgrafen von Tübingen, die Grafen von Helfenstein, die Herzöge von Österreich und seit 1447 die Grafen von Württemberg. Mit der Reformation wurde auch das Kloster 1535 protestantisch; bis heute beherbergt es eine evangelische Klosterschule.

Seit der württembergischen Zeit ist das Haus zum Ochsen in Blaubeuren bezeugt. 1457 als Gastwirtschaft unter dem gleichen Namen erstmals erwähnt, sind seine Besitzer bis heute durchgehend dokumentiert; Richter und Bürgermeister waren hier oft im Zweitberuf als Wirte tätig. 1630 nächtigte hier der württembergische Herzog Eberhard III. 1730 wird der Ochse mitsamt der Marktstraße ein Opfer des großen Stadtbrandes. Natürlich wird er danach größer und schöner wieder aufgebaut: mit „Ställen, Braustatt, Malzboden und Scheuern".

Die heutige Besitzerfamilie Unsöld kaufte und modernisierte den Ochsen 1934. Damals und noch nach dem Krieg betrieb man parallel einen regen Pferdehandel. In den 1950er-Jahren kamen dann Gästezimmer (mit Telefon!) hinzu, die Küche wurde unter Hermine Unsöld weit über Blaubeuren hinaus bekannt und trug zeitweise sogar einen Stern. 1990 übernahm der jetzige Inhaber Hermann Unsöld in der dritten Generation zunächst die Küche, seit 1995 dann in die Verantwortung als Besitzer. Auf angrenzenden Grundstücken wurde das Haus erweitert für Hotelzimmer und Parkplätze, 2012 konnte das Nachbargrundstück an der Marktstraße mit einer ehemaligen Metzgerei erworben werden. Das marode Haus wich einem modernen Hotelanbau mit Tagungsräumen und einem Gartenlokal für den Ochsen. So stehen heute an der Marktstraße nebeneinander eine neue und eine historische Fassade, die sich gut ergänzen, denn auch der gleich hohe Neubau hat einen Dreiecksgiebel erhalten.

Das historische dreigeschossige Fachwerkhaus auf massivem Erdgeschoss ist im Kern erhalten geblieben. 1930 hatte der Sockel noch eine Ummauerung aus Quadersteinen, die in den 50er-Jahren verputzt und umgestaltet wurde; seit 1997 ist das für gut 200 Jahre unter Putz versteckte Fachwerk wieder freigelegt und farblich hervorgehoben. Die Einrichtung der drei Gast-

stuben aus der Nachkriegszeit ist als Kontrast zum modernen Gebäude authentisch: Der Schankraum ist hell und mit Tischgruppen gegliedert – hier gibt es den runden, sozusagen „demokratischen" Stammtisch, an dem sich die Einheimischen treffen. Er steht exakt an derselben Stelle wie auf einem alten Foto aus den 1930er-Jahren in der Familienchronik. Die Weinstube und das Magirusstüble, wohl nach dem 1866 gegründeten Ulmer Feuerwehr- und Nutzfahrzeughersteller benannt, sind rundum holzvertäfelt im glatten und geraden Stil der damaligen Zeit, teils mit einzelnen älteren Möbeln ausgestattet. Zwischen beiden Speiseräumen gibt es einen heute offenen Fensterrahmen – sicher war zu Zeiten des blauen Dunstes einer der Räume für die Zigarrenraucher reserviert. Im Neubau gibt es einen großen Frühstückssaal und die Oxbar, in der sich die Hotelgäste abends treffen.

Die heutige Wirtsfamilie ist stolz auf die gelungene Mischung aus alt und neu in ihrem großen Hotel. Hermann Unsöld ist der unbestrittene Patron seiner großen Küche und knüpft an die Kochtradition seiner Mutter an: Gesottenes Ochsenfleisch in Meerrettich, Ochsenzunge in Madeira, geschmorte Ochsenbäckle und Ochsenschwanzragout gehören schon wegen des Hausnamens auf die Karte, dazu je nach Saison Spargel-, Wild- oder Fischgerichte – alles aus regionalen Betrieben, die auf der Homepage des Ochsen sogar alle zusammen mit einem Qualitätsversprechen vorgestellt werden. „Fleisch aus Südamerika kommt bei mir aus ökologischen Gründen nicht auf den Tisch", meint Koch Hermann Unsöld, „schließlich steht bei uns der Gast und nie der Preis im Vordergrund." Das scheint sich herumgesprochen zu haben, denn auf dem Hotelparkplatz sehen wir Nummernschilder aus halb Europa. „Wir haben viele Stammgäste aus Skandinavien, die hier ihren Urlaub verbringen oder Station auf dem Weg in den Süden machen – und dies zu allen Jahreszeiten." So ist der Ochse in Blaubeuren nicht nur ein historisches, sondern auch ein internationales Wirtshaus. Möge das so bleiben.

Hotel-Restaurant Ochsen

Marktstraße 4
89143 Blaubeuren

Telefon: 07344 / 969890

www.ochsen-blaubeuren.de

Öffnungszeiten:
Täglich 11:45–14:00 Uhr
und 18:00–21:00 Uhr
Ruhetag: Sonntag

44

Gasthaus zum Lamm
in Blaubeuren-Asch

Die Ortschaft Asch auf der Hochfläche der Blaubeurer Alb, heute Stadtteil der Stadt Blaubeuren, zählt zu den Urdörfern in der Region. Die früheste urkundliche Erwähnung stammt aus dem Jahr 1236. Schon seit 1580 hat das Örtchen eine eigene Schule. In der Dorfmitte gibt es eine für die Region so typische Hüle zu sehen – einen künstlichen Weiher, der früher auf der verkarsteten, wasserarmen Albhochfläche Grundvoraussetzung für jede Besiedelung war. Abgesehen von ihrer Nutzung als Tränken, Löschwasserteiche, Pferdeschwemmen und in Notzeiten auch als Brauchwasser waren die Hülen (auch Hüllen oder Höllen) immer ein beliebter Treffpunkt und Festplatz für die Dorfgemeinschaft. Ist man zufällig zur richtigen Zeit im Sommer da, ist ein Besuch des Dorffestes bei der Ascher Hüle ein lohnender Abstecher.

Ein Stück weiter nördlich die Dorfstraße entlang bietet Familie Mattheis eine gastfreundliche Unterkunft. Das Gasthaus zum Lamm an der einstigen Reichsstraße Straßburg–Ulm existiert bereits seit der Zeit um 1510. Seit damals bietet es Reisenden Herberge und Verpflegung. Erbauer und erster Wirt war Hans Täschler. 1860 kaufte der

Ascher Schmied Jakob Mattheis die Gastwirtschaft mit zugehöriger Brauerei, Brennerei und Landwirtschaft. Seit 2008 führen Roman und Daniela Mattheis das Haus in sechster Generation.

Die Wirtschaft hat ihr Gesicht im Laufe der Jahre immer wieder gewandelt, um den Zeitumständen und den sich verändernden Bedürfnissen gerecht zu werden. Lange Jahre diente das Haus als Pferdewechselstation für Postkutschen. 1900 wurde das Brau- und Brennrecht verkauft. Angesichts des aufkommenden industriellen Brauereiwesens war die Bierherstellung im kleinen Stil nicht mehr rentabel.

Bis in die 1970er-Jahre war im Wirtshaus auch noch die örtliche Poststelle eingerichtet, lange Zeit mit dem einzigen Telefon am Ort. Bevor Edith und Hans Mattheis das Lamm von Hans' Mutter 1992 übernahmen, war es eine Bierwirtschaft. Am Anfang gab es nur kalte Vespermahlzeiten, doch aufgrund der hohen Nachfrage richtete man schließlich bald auch einen täglich wechselnden Mittagstisch ein. Heute hat die Gaststätte jeden zweiten Freitag (jede ungerade Kalenderwoche) ab 17:00 Uhr geöffnet und bietet eine kleine Karte mit warmen und kalten Gerichten aus der Region. Eine Reservierung empfiehlt sich, schnell wird es dann nämlich rappelvoll in der guten Stube.

Besonders wer eine Feier plant, ob mit 20 oder bis zu 160 Gästen, der ist mit dem fachkundigen Service von Familie Mattheis bestens beraten. Gesellschaften bis zu 40 Personen finden in der gepflegten Stube Platz. Daneben wurde 2010 der Stadel in einen modernen Feststadel umgebaut, der seither für eine große oder mehrere kleinere Gesellschaften optimal genutzt werden kann. Dafür gab's vom Alb-Donau-Kreis sogar den Sanierungspreis für dörfliche Innenentwicklung. Hin und wieder finden hier auch Comedy- und Kleinkunst-Veranstaltungen statt.

Als Meister für Veranstaltungstechnik war Roman Mattheis etliche Jahre international auf diesem Gebiet tätig. Heute kommen sein ganzes Wissen und seine gesammelte Erfahrung den Gästen zugute, denen er bei der Planung ihrer Feier mit Rat und Tat zur Seite steht. Angefangen bei der Veranstaltungskonzeption über licht- und tontechnisches Knowhow bis hin zu pyrotechnischen Einlagen ist er der kompetente Partner, bei dem keine Wünsche offen bleiben. Den Service gibt es nicht nur im Gasthaus oder dem Lammwirt-Stadel, sondern auch frei Haus – je nach Bedarf.

Freilich kommt dabei auch das Kulinarische nicht zu kurz. Besonderen Wert legen Roman und Daniela Mattheis auf die regionale Herkunft ihrer Produkte und unverfälschten Geschmack. Als Mitglieder des Gastronomenverbands „Schmeck den Süden", von dem sie mit drei von drei möglichen Löwen ausgezeichnet wurden, verarbeiten sie zu mindestens 90 Prozent Waren aus Baden-Württemberg. Für Geschmacksverstärker und Konservierungsstoffe ist in der Mattheis'schen Küche kein Platz. Naturbelassene Aromen zeichnen die deftige schwäbische Hausmannskost und die herzhaften Vespermahlzeiten aus. Das Wild aus den Ascher Wäldern gehört zu den Leibspeisen der genussfreudigen Besucher, und Liebhaber regionaler Spezialitäten kommen mit sauren Kutteln mit Bratkartoffeln auf ihre Kosten. Unbedingt zu empfehlen sind vor allem die Barbecue-Events, bei denen Hamburger, Baby-Ribs, Lammhaxen – und überhaupt alles Grillbare – stundenlang im heißen Rauch aromatischer Holzsorten gegart und geröstet werden. So schmeckt der Süden!

Der Umbau des ehemaligen Stadels zum Festsaal wurde 2010 mit einem Sanierungspreis gewürdigt

Gasthaus zum Lamm

Dorfstraße 56
89143 Blaubeuren-Asch

Telefon: 07344 / 6419

www.fewo-lamm.de

Öffnungszeiten:
jeden 2. Freitag (ungerade
Kalenderwoche)
ab 17:00 Uhr
für Gruppen ab 20 Personen
nach Vereinbarung

Gasthof zum Ritter
in Ulm-Gögglingen

Gögglingen ist ein Stadtteil südlich von Ulm, hat aber eine sehr wechselvolle eigene Geschichte hinter sich. 1092 erstmals erwähnt, gehörte der Ort zum Benediktinerkloster Wiblingen, in dessen Klosterkirche Teile des Kreuzes Christi als Reliquie verehrt werden. Die Bauern hatten Abgaben an das Kloster zu entrichten und die Handwerker mussten durch alle Jahrhunderte hindurch beim Bau der Klosteranlage mithelfen. 1504 fiel die Benediktinerabtei mit allen zugehörigen Ortschaften an das Haus Habsburg, unter dessen Herrschaft es bis 1806 blieb. Im 18. Jahrhundert wurde das im Dreißigjährigen Krieg stark beschädigte Kloster umfänglich ausgebaut, wohl nach dem Vorbild des spanischen Escorial. Baumeister war zunächst Christian Wiedemann, ab 1750 wurde der aus Burglengenfeld nahe Regensburg stammende Johann Michael Fischer mit der Bauleitung beauftragt. Es entstanden mehrere Klosterflügel und Innenhöfe mit einem berühmt gewordenen Bibliothekssaal und der heute als Pfarrkirche dienenden Martinskirche; die Klostergebäude sind heute Teil des Ulmer Universitätsklinikums.

Kleine Zeittafel der napoleonischen Umwälzungen in Schwaben

Da die Herrschaftsverhältnisse im Schwaben des 19. Jahrhunderts häufig wechselten, hatten die Wirtshäuser oft verschiedene Aufgaben als Post-, Zoll- oder Grenzstation zu übernehmen. Die etwas unübersichtlichen Kriege in kurzer Folge mit und gegen Napoleon seien hier kurz aufgelistet:

1792–97: Nach der Französischen Revolution erklären Preußen und Österreich, England, Holland und die deutschen Reichsstände Frankreich den 1. Koalitionskrieg; Napoleon wird 1796 General und Oberbefehlshaber und marschiert zunächst nach Italien; er schließt 1797 Frieden mit Österreich.

1799–1801: Österreich, Russland und England führen einen 2. Koalitionskrieg gegen Frankreich: Napoleon dringt an den Rhein und in die Schweiz vor, später nach Norditalien; 1800 kommen französische Truppen an den Bodensee und bis München; 1801 wird nach der Niederlage Österreichs der Frieden von Lunéville geschlossen.

1802–04: Neugliederung des Deutsch-Römischen Reiches durch den Reichsdeputationshauptschluss; Napoleon krönt sich 1804 selbst zum Kaiser.

1805: 3. Koalitionskrieg mit Einmarsch französischer Truppen über die Oberpfalz nach Bayern und Schwaben, gleichzeitig vom Rhein her; Schlachten u. a. bei Elchingen und Ulm, am Bodensee und bei Innsbruck; erneute Niederlage Österreichs und Abgabe der schwäbischen Besitzungen an Bayern und Württemberg.

1806–07: 4. Koalitionskrieg Frankreichs gegen Preußen und Friede von Tilsit.

1809: 5. Koalitionskrieg Österreichs gegen Frankreich mit Kämpfen in Bayern (Schlachten bei Regensburg, Abensberg, Eggmühl) und Einnahme von Wien; im Vertrag von Paris 1810 muss Bayern Teile des Allgäus an Württemberg abgeben.

1812–15: 6. Koalitionskrieg mit Russlandfeldzug 1812, Rückzug und Völkerschlacht bei Leipzig 1813; Einnahme von Paris und Abdankung Napoleons 1814, Rückkehr Napoleons und endgültige Niederlage bei Waterloo in Belgien 1815.

1814–15: Wiener Kongress mit Neuordnung sämtlicher europäischer Grenzen nach den Napoleonischen Kriegen. Schwaben bleibt verteilt auf das Großherzogtum Baden (am Bodensee) und die Königreiche Württemberg (Oberschwaben und Schwäbische Alb) und Bayern (östlich von Donau und Iller; Ulm bleibt Grenzstadt).

Im frühen 19. Jahrhundert hatte die Region um Ulm und Gögglingen ein schweres Los: Nach den ersten Feldzügen des Kaisers Napoleon verordnete er dem Reich eine große Gebietsreform, die der Reichstag mit dem sogenannten Reichsdeputationshauptschluss 1803 verabschiedete. Dabei wurden alle Freien Reichsstädte aufgehoben, die Stadt Ulm und ihre Umgebung fielen an das Kurfürstentum Bayern. Schon 1805 kam es zu einem neuen Krieg mit Schlachten bei Elchingen und Ulm – nun gehörte man zum neu ausgerufenen Königreich Bayern. Doch nur ein paar Jahre später wurden die Regionen Schwabens erneut wie auf einem Schachbrett hin- und hergeschoben: Im Vertrag von Paris musste Bayern 1810 Teile des Allgäus und die Region Ulm mit der Gemeinde Gögglingen

an das Königreich Württemberg abgeben. Die Zollbrücke über die Donau bei Gögglingen diente als Grenzstation nach Bayern – zusammen mit dem örtlichen Wirtshaus.

Der historische Gasthof zum Ritter an der Durchgangsstraße in Gögglingen war zu diesen Zeiten schon da – Kaiser Napoleon soll hier nach der Schlacht von Elchingen am 14. Oktober 1805 eingekehrt sein und genächtigt haben. Was er damals gegessen hat, wissen wir nicht, doch heute würde er neben schwäbischer Kost zusätzlich auch kroatische Küche und diverse Grillspezialitäten serviert bekommen, denn seit 2015 hat die Besitzerfamilie das Haus und den großen Biergarten an Jelena Matic und ihren Mann verpachtet. Der Gasthof Ritter hat dadurch eine größere Speisenauswahl gewonnen.

Sonst hat sich wenig verändert in dem historischen Gasthof – und das ist gut so. Seit 1788 ist er im Besitz der Familie Birkenmayer, wie uns ein großes Wappen draußen am Haus und eines im Gastraum erzählen. Dieser ist noch rundum holzvertäfelt mit umlaufender Sitzbank und lässt sich wie in früheren Zeiten zu einem großen Tanz- oder Versammlungsraum umbauen. Das Mobiliar besteht aus klassischen Wirtshaustischen, die unten noch mit einer Fußauflage rundum stabilisiert sind, man nennt sie auch „Klostertische". An den Wänden hängen einige alte Ölbilder, die Fensterscheiben sind in kleinteiliger Bleiverglasung ausgeführt – genau so stellen wir uns ein historisches Wirtshaus vor. Besonders schön ist der Sommer im Biergarten hinter dem Haus. Direkt an den Donauauen gelegen, können wir es uns inmitten eines alten Hofgutes gemütlich machen. Wem im Sommer in Ulm zu viel Trubel herrscht, wird Gögglingen die Ruhe der Donauauen genießen – hierher verirren sich nur wenige Touristen. Und falls ein Kaiser Napoleon wieder vorbeikommen sollte, um die Landkarte der Region erneut zu verändern, dann laden Sie ihn erst einmal auf ein kühles Bier oder einen Württemberger Wein ein und verjagen ihn dann in Richtung Unterkirchberg über die Iller nach Bayern!

Gasthof zum Ritter

Bertholdstraße 8
89079 Ulm-Gögglingen

~

Telefon: 07305 / 956540

~

www.gasthof-zum-ritter.de

~

Öffnungszeiten:
Täglich 11:30–14:00 Uhr
und 17:00–22:30 Uhr
Mittwoch ab 17:30 Uhr

46

ZUR FORELLE
IN ULM

In Ulm mündet ein recht kurzer Fluss mit dem netten Namen Blau in die Donau. Er entspringt dem Blautopf in Blaubeuren und fließt unterwegs noch durch den Ort Blaustein. Und blau oder besser sauber ist auch das Wasser, das in mehreren flachen Seitenarmen mitten durch die untere Stadt fließt. Während die Ulmer Innenstadt und das Münster auf einer leichten Kuppe liegen, die auch als erstes mit einer Stadtmauer umgeben war, bildete sich am Unterlauf der Blau eine Ansiedlung am und im Wasser, die später das Fischer- und Gerberviertel genannt wurde – etwas romantisch heute auch „Ulmer Venedig". Ab 1480 wurde dieses Viertel in die Stadtbefestigung einbezogen; zur Donau gab es eine schmale Öffnung, durch die die Boote in den sogenannten Gumpen, ein kleines Hafenbecken, einlaufen konnten. Direkt an den Häusern hatten die Fischer kleine Bootsschuppen und natürlich Reusen im Wasser, in denen die gefangenen Fische schwammen – jedes Haus hatte somit zumindest einen „Hintereingang" zur Wasserseite hin, ganz wie im großen Venedig.

Das Gesicht des Fischerviertels wurde jedoch am markantesten durch die Gerber geprägt. Dieses geruchsintensive Handwerk, das darin bestand, in einem künstlichen Fäulnisprozess Fleisch und Fett von den Lederhäuten der toten Rinder zu trennen, benötigte viel Wasser. Daher bauten die Gerber ihre Häuser hier direkt an oder in die Blau und versahen sie mit Plattformen, von wo aus sie die Häute spülen konnten. Heute sind es kleine Balkone und Gärten mit Liegestühlen, die in die Blau hineinragen – ein idyllisches Bild, das im Sommer Scharen

von Reisenden anlockt, seitdem das Fischer- und Gerberviertel in den 1990er-Jahren vollständig saniert wurde und zum „Ulmer Venedig" avanciert ist.

Wir besuchen das historische Wirtshaus zur Forelle im Fischerviertel, das zu den ältesten erhaltenen und gut sanierten Häusern im Viertel zählt. Der Bau könnte schon aus dem 15. Jahrhundert stammen – als Schildwirtschaft (mit einem Wirtshausschild, also mit Konzession) ist sie unter dem Wirt Jacob Schwenk seit 1626 nachgewiesen. Jahrhundertelang hieß sie einfach nur das „Häusle", und nach der Wirtschaft wurde die benachbarte Brücke über den Hauptarm der Blau einfach nur die „Häuslesbruck" genannt. Seit 1695 ist auch der Wirtshausname „Forelle" bezeugt. Das kleine zweistöckige Fachwerkhaus mit Satteldach und langen Schleppgauben versteckt seine Holzstruktur draußen unter einem grünen Verputz, doch im Eingangsflur sind die Fachwerkbalken gut zu sehen. Die drei Gaststuben sind eher niedrige Räume und erinnern an die einfachen Behausungen der Fischer. Wir gehen auf Holzplanken, und in den beiden hinteren Räumen verkleiden Holzvertäfelungen Wand und Decke. Die Ausstattung aller Stuben orientiert sich am Thema Fischer, mit alten Stadtansichten, großen Kastenleuchten mit Schiffermotiven und auch einigen Donau-Zillen, den typischen Fischerbooten, in Miniaturform über dem ovalen Stammtisch. Außen vor dem Haus gibt es einige Freisitze, und bei größeren Stadtfesten wie dem Schwörmontag oder dem Fischerstechen wird die Häuslesbruck zur langen Wirtshausbank, die von der Forelle aus mit bewirtschaftet wird.

Pächter der Ulmer Forelle ist Ralph Stutzmiller, der seit dem Jahr 2000 hier den Kochlöffel schwingt. Wobei – schwingen tut er eigentlich das kleine Fangnetz, mit dem er die Forellen aus seinem Fischkasten hinter dem Haus holt: eine Reuse, die im Blau-Wasser befestigt ist und in der die Forellen schwimmend darauf warten, „abgeholt" zu werden. Daneben bietet er eine schwäbisch-regionale Küche mit Maultaschen nach einem Rezept von 1626, „nackerten" Bratwürsten oder Trollinger Leber sowie saisonale Angebote wie Spargel oder Pilze an. Ab und zu muss er auch

Oben: Die alte, niedrige Gaststube ist noch wie anno dazumal eingerichtet.
Rechts: Pächter Ralph Stutzmiller mit der namensgebenden Forelle direkt aus der Blau hinter dem Haus

Gaſtſtube

bayerische Leberknödelsuppe und Schweinshaxe auf die Karte nehmen, wenn die japanischen Touristen in der Stadt sind, die Ralph Stutzmiller nämlich alle kennen, seit er vor Jahren einmal in einem japanischen Gourmetjournal vorgestellt wurde. Verständlicherweise konnten die fernöstlichen Journalisten nicht zwischen den verschiedenen Regionen Süddeutschlands unterscheiden und verorteten Ulm in Bayern, wo man nun einmal Schweinshax'n und Leberknödel isst – Ralph Stutzmiller sieht's gelassen, und Bayern ist ja auch nur einen Katzensprung entfernt.

Außerhalb der Sommersaison ist die Forelle ein wichtiger Treffpunkt für die Einheimischen – Stammtische einzelner Berufsgruppen wie der Ulmer Anwälte oder Architekten tagen regelmäßig hier. Dabei wird oft der Ulmer Fischermarsch angestimmt, der von alter Fischerromantik erzählt und den wir mit Noten und Text in gleich mehreren alten Ulmer Wirtshäusern sorgsam gerahmt an der Wand angetroffen haben.

Die Forelle in Ulm, am Hauptarm der Blau an der Häuslebruck gelegen, ist ein verpflichtender Anlaufpunkt für alle, die Ulm und sein Fischerviertel kennenlernen möchten. Aber Besucher mit einer Körpergröße von über 1,85 m sollten sich vorsehen und im Sommer lieber draußen Platz nehmen, eines der weiteren hier besprochenen Wirtshäuser aufsuchen – oder den Kopf einziehen.

Zur Forelle

Fischergasse 25
89073 Ulm

∼

Telefon: 0731 / 63924

∼

www.ulmer-forelle.de

Öffnungszeiten:
Montag–Freitag
11:30–14:30 Uhr
und ab 17:00 Uhr
Samstag und Sonntag
durchgehend
Kein Ruhetag

172

47

Gaststuben im Zunfthaus der Schiffleute in Ulm

Bei einem Besuch in Ulm gehört ein Spaziergang durch das alte Fischerviertel unbedingt zum Programm. Ob im Rahmen einer Stadtführung oder auf eigene Faust durch die kopfsteingepflasterten Gassen mit ihren Kanälen und Brücken – das Zunfthaus der Schiffleute am Fischerplätzle ist auf jeden Fall eine der Sehenswürdigkeiten der Donaustadt. Um 1490 wurde es an der tiefsten Stelle des Viertels errichtet. Der giebelständige Fachwerkbau mit spätmittelalterlichem Schopfwalmdach lag direkt am Gumpen, einem kleinen Hafen innerhalb der Stadtmauern, von wo aus sich im 18. und 19. Jahrhundert auch viele Donauschwaben mit ihren Ulmer Schachteln flussabwärts auf den Weg in ihre neuen Heimatländer Ungarn und Rumänien machten.

Zwar war das Wirtshaus nie offiziell die Zunftherberge der Schiffer und Fischer, doch seit seiner Erbauung Wohnsitz und Arbeitsplatz bedeutender Ulmer Fischerfamilien. Die Molfenter, die Hägele, die Käßbohrer und Hailbronner – alle haben sie hier gewohnt und in der fünf Meter hohen Halle mit Zwischenstock und Galerie ihre Zillen gefertigt, gewartet, gelagert und die Fische weiter-

Das spätmittelalterliche Zunfthaus am Ulmer Fischerplätzle

verarbeitet. Charakteristisch für das Fischerhaus waren die Fischkalter an der Nordseite des Gebäudes. Die lebenden Tiere wurden in Behältern in die direkt am Haus entlang fließende Blau gehängt, damit am nächsten Markttag auch wirklich frischer Fisch feilgeboten werden konnte.

1977 wurde das schmucke Anwesen von der Stadt aufwändig saniert und instand gesetzt; seither ist es ein Wirtshaus. Die oberen Stockwerke werden vom Ulmer Schifferverein genutzt. Die ehemalige Arbeitshalle beherbergt die Gaststube auf drei Etagen. Sowohl innen als auch außen denkmalgeschützt, vermittelt das Zunfthaus einen authentischen Einblick in Bau- und Arbeitsweise vergangener Zeiten. Viel Holz, mächtige verwitterte Balken und Säulen und etliche themenbezogene Details bestimmen seine Einrichtung. Originalgetreue Modellzillen gibt es zu sehen, Stechpaddel, Donaupläne und Lanzen vom alle vier Jahre stattfindenden Ulmer Fischerstechen. Hübsche Aquarelle zeigen typische Ulmer Szenen und Originale. Gemalt hat sie Hildegard Schubert, die Mutter des Zunfthauswirts Wilhelm Schubert jun.

Er und seine Frau Birgit führen das Haus seit dem Jahr 2013. In Küche und Service sind sie vom Fach und in der städtischen Gastronomenszene kennen sie sich aus. Wilhelm Schubert sen. ist langjähriger Wirt in der Lochmühle, nur ein paar hundert Meter entfernt. Außerdem betreibt er ein Café ein Stück weiter nordöstlich im Stadtgebiet nahe den Donauauen. Von dort kommen auch die leckeren hausgemachten Kuchen, die im Zunfthaus zum nachmittäglichen Kaffee kredenzt werden. In der Lochmühle war Wilhelm Schubert jun. zuvor 13 Jahre lang Küchenchef.

Oben und rechts: Die Gaststube in der ehemaligen Arbeitshalle der Donaufischer erinnert mit Modellzillen, Paddeln und anderen Details an die lange Vergangenheit des Hauses

174

Serviert werden in der Gaststube im Zunfthaus vor allem Klassiker der schwäbischen Hausmanns-kost und feine Steaks. Für alle Raig'schmeggden also die Gelegenheit, saure Kutteln im Trollingersöß-le zu probieren oder herauszufinden, was sich hinter dem Gericht mit dem rätselhaften Namen „Katzagschroi" verbirgt. Aber auch die Ulmer selbst kehren gern in dem Traditionshaus ein, vor allem am Schwörmontag. Die Fischerstecher kommen regelmäßig zum Stammtisch hier zusammen.

Obschon das urige Innere des Zunfthauses mit einem unwiderstehlich historischen Ambiente aufwartet, sind die Plätze im Freien zu Sommerszeiten mindestens genauso begehrt. Eingerahmt von der alten Stadtmauer, durch deren Tor man einen idyllischen Blick auf die Donau genießt, und stilecht restaurierten Häuserfassaden, ist der Freisitz am Fischerplätzle genau der richtige Ort, um nach einem Streifzug durch die Altstadt genüsslich ein Viertele zu schlotzen oder bei einer Tasse starken Kaffees wieder zu Kräften zu kommen. Oder: Man probiere sich durch das erfreulich um-fangreiche Sortiment regionaler Fassbiere! 77-Jährige in Begleitung ihrer Eltern erhalten übrigens ein Bier aufs Haus!

Oben: Modell einer historischen Fischer-Zille.
Unten: Wilhelm und Birgit Schubert sind seit 2013 für die Gaststätte verantwortlich

Gaststuben im Zunfthaus der Schiffleute

Fischergasse 31
89073 Ulm

～

Telefon: 0731 / 64411

～

www.zunfthaus-ulm.de

～

Öffnungszeiten:
Täglich 11:00–24:00 Uhr
Warme Küche
11:30–22:00 Uhr

48

WIRTSHAUS KRONE
IN ULM

Die Stadt Ulm hat eine weit zurückreichende Geschichte: erste Ansiedlungen im 7. Jahrhundert, karolingische Pfalz beim Donauübergang im 9. Jahrhundert, Bau einer Fluchtburg und Wohnansiedlung im 10. und 11. Jahrhundert, Sitz des Saliergeschlechts und der Staufer im 12. Jahrhundert sowie Reichsunmittelbarkeit ab 1274 ... Und 1320 schon wird das Wirtshaus Krone in der Kronengasse erstmals erwähnt. Kaiser und Könige haben hier Station gemacht, zu einer Zeit, als die deutschen Kaiser sich als „Reisekaiser" von einer Reichsstadt oder Pfalz zur nächsten begaben. In jeder Reichsstadt war eine gehobene Gaststätte die bevorzugte Absteige, und daher leitet sich auch der Wirtshausname ab.

Für die Ulmer Krone sind die Besuche des Kaisers Ruprecht von Wittelsbach und seines Nachfolgers Sigismund von Luxemburg Anfang 1400 bezeugt, und auch der Reformator Jan Hus muss auf seinem Weg zum Konstanzer Konzil 1414 hier eingekehrt sein. Auch der Dichter Christian Friedrich Daniel Schubart (1739–91) ist als Gast der Krone im Jahr 1775 erwähnt. Aus seiner Feder stammt das Gedicht „Die Forelle", das in der Vertonung von Franz Schubert (1816/19) als Kunstlied bzw. als „Forellenquintett" weltbekannt wurde.

Das heutige Wirtshaus Krone nahe dem historischen Rathaus residiert in einem stattlichen Häuserblock aus dem 15. und 16. Jahrhundert in der Altstadt. Von der Donau aus sieht man gut einen hohen Fachwerkgiebelbau mit rotem alemannischem Fachwerk von 1529, an der Kronengasse liegt ein dreistöckiger Massivbau mit Zwerchhaus, durch den wir die Krone betreten. Karin Schumann ist die aktuelle Pächterin. Die gelernte Sozialpädagogin verdiente sich ihr Studium durch Mitarbeit in einem Studentencafé, das sie – so entstehen Gastronomiekarrieren – schließlich selbst übernahm. 2008 stellte sie sich einer größeren Herausforderung und pachtete die Krone – ohne Gästezimmer allerdings, denn die sind längst in modernen Wohnraum umgewandelt worden. Gemeinsam mit ihrem engagierten Team brachte sie die Krone wieder zum Glänzen: Das Restaurant ist eine in Ulm in allen Alters- und Berufsschichten beliebte Gaststätte mit typisch schwäbischer und deutscher Küche. Die Gäste aus dem Um-, In- und Ausland genießen in gemütlicher Atmosphäre hausgemachte schwäbische Speisen wie Hochzeits- oder Flädlesuppe, Maultaschen, Linsen mit Spätzle, Ulmer Zwiebelrostbraten, aber auch leckere Salatplatten, Steaks oder vegetarische Gerichte zu süffigen Weinen vom Bodensee und regionalen Bieren.

Schon beim Betreten fallen die dicken Mauern im Straßengeschoss auf – massiv geht es in dem Gebäude zu, und die innen angebrachten Fachwerkbalken sollen eher zur Gemütlichkeit beitragen. Die Krone ist alt, aber nicht altbacken oder rustikal gestaltet und eingerichtet. Das Lokal wirkt behaglich und lädt zum gemütlichen Verweilen ein. An den Wänden hängen alte Radierungen und moderne Zeichnungen, thematisch geht es dabei immer um Ulm.

Der Musiker und Komiker Helge Schneider hinterließ eine „Visitenkarte" in der Krone

In einem der zwei großen Gasträume ist heute wieder eine alte unverputzte Bruchsteinmauer zu sehen, die aus der Zeit des Dreißigjährigen Krieges stammt. Der Innenhof des historischen Häuserblocks wird ebenfalls von der Krone bewirtet – hier blickt man auf altes Fachwerk, Renaissance-Mauerwerk und ein großes Wappen früherer Besitzer. Weiteres Prunkstück der Krone ist ein ausgebauter Gewölbekeller mit Bar und Brunnen, in dem Firmen- und Familienfeiern sowie Sonderveranstaltungen wie das in Ulm beliebte Krimi- und das Schwabendinner stattfinden – Speis und Trank bei schwäbischer Comedy oder spannender Krimiinszenierung.

Wirtshaus Krone

Kronengasse 4
89073 Ulm

∽

Telefon: 0731 / 1400874

∽

www.krone-ulm.de

∽

Öffnungszeiten:
Täglich ab 17:00 Uhr
Samstag, Sonntag
ab 11:00 Uhr

Da Kaiser und Könige heute seltener nach Ulm kommen, sind es Prominente aus der Film- und Musikwelt, deren Besuch heutzutage Aufsehen erregt. Es ist schon etwas Besonderes, in einem Haus mit 700-jähriger Geschichte einzukehren, und so sind in den letzten Jahren der ungarische Autor Györgi Konrad, der Produzent Manfred Eicher, der Regisseur Wim Wenders und auch der kanadische Rockstar und Fotograf Bryan Adams hier gewesen. Sie alle waren – wie die vielen Gäste – beeindruckt von der wunderbar sanierten Ulmer Altstadt und dem authentischen Wirtshaus Krone mit seiner schwäbischen Küche, dem Kaiser Sigismund im Jahr 1430 persönlich die Schankerlaubnis erteilte.

49

Historisches Brauhaus
Drei Kannen in Ulm

W as wurde früher in kleinen und großen Messing-Kannen auch über die Straße verkauft? Richtig: Bier! Das lagerte zwar in Fässern und Flaschen, doch es war durchaus üblich, sich aus dem Wirtshaus auch einmal eine Halbe oder eine Maß oder mehr nach Hause zu holen – das war eine klassische Aufgabe der Kinder. Die durften das Wirtshaus aber nicht selbst betreten, daher gab es immer eine Klappe nach

draußen, die Gassenschänke, durch die man dem Wirt eine Kanne an die Theke hinein- reichte und gefüllt zurückbe- kam. Heute würde man das einen „Take-Away-Schalter" oder „Beer to go" nennen. Nach den Bierkannen ist un- ser historisches Wirtshaus Drei Kannen in Ulm benannt – es ist aber, um es gleich vorweg zu sagen, nur noch als Institution historisch. Einer besonderen Attraktion wegen wollen wir es aber dennoch vorstellen: der Gartenloggia aus der Zeit um 1680 im Biergarten.

Hier die Geschichte: An der nördlichen Einfallstraße stand seit dem 16. Jahrhundert ein Patrizierhaus der Familie

Der Schwörmontag und das Nabaden

Am vorletzten Montag im Juli feiern die Ulmer den „Schwörmontag". Der geht auf eine alte Auseinandersetzung zwischen den Zünften und den Patriziern um die Macht im Stadtrat zurück. Der Streit kulminierte in der Ermordung der meisten Zunftvorsteher durch den von den Patriziern gestellten Bürgermeister im Jahre 1311. Das müssen seither alle Bürgermeister sühnen, indem sie vor der gesamten Stadtbevölkerung schwören, unabhängig zu regieren, nämlich: „Reichen und Armen ein gemeiner Mann zu sein in allen gleichen, gemeinsamen und redlichen Dingen ohne allen Vorbehalt".

Aus der bis heute weitgehend ungebrochenen Tradition des öffentlichen Schwörens vom Balkon des Schwörhauses am Weinhof ist ein großes Volksfest geworden. Nach der Schwörformel des Bürgermeisters zieht man hinunter an die Donau, um einer zweiten Ulmer Tradition zu folgen, dem „Nabaden", das heißt: „die Donau hinab baden" oder sich gemütlich von der Strömung treiben lassen. Das tut man heute nicht mehr nur im Badedress, sondern auch in allen möglichen und unmöglichen Wasserfahrzeugen wie Badewannen, Gummibooten oder einfachen Holzkisten, den „Ulmer Schachteln". Dem Treiben auf der Donau schauen Tausende vom Ufer aus zu, feuern an und applaudieren den originellsten Wasserfahrzeugen und ihren Kapitänen – es ist quasi ein Karnevalsumzug auf dem Wasser. Ulm ist an diesem vorletzten Juli-Montag im Ausnahmezustand, und alle Wirtshäuser haben auch den letzten Gartentisch nach draußen getragen, um den Durst des Publikums zu löschen.

Weickmann, das wegen seiner Größe und opulenten Ausstattung nur das „Schlössle" genannt wurde. Die Besitzer waren mit dem Tuchhandel reich geworden. So sind auf alten Fotos noch aus dem frühen 20. Jahrhundert reiche Wandbespannungen und Brokatvorhänge zu erkennen. Um 1680 ließ ein Familienoberhaupt seiner Frau ein „Gartenhäuschen" aus Italien kommen: eine zweigeschossige Loggia mit Walmdach, Arkadengang, kannelierten Säulen und aufwändigem barockem Deckenstuck – ein Kleinod für den privaten Stadtgarten, in dem man offenbar rauschende Feste feierte. Das Schlössle wurde später Wohnsitz eines Brauereibesit-

Oben: Die alten Bierkannen, in denen man auch das Bier mit nach Hause trug, gaben dem Wirtshaus seinen Namen.
Rechts: Floraler Stuck an der Decke der historischen Gartenloggia von 1680

zers, und der Garten wurde als Biergarten der Braugaststätte Drei Kannen öffentlich zugänglich gemacht und zu einer kleinen Ulmer Sensation.

Das Schlössle wurde leider im letzten Krieg zerstört, doch die Brauereigaststätte und der Biergarten bestanden weiter. In den 1970er-Jahren mussten auch die übrigen Gebäude einem Neubau weichen. Allein die barocke Loggia ist erhalten und immer noch Zentrum des Biergartens zur Gaststätte Drei Kannen.

Herbert Hasmann ist der Chef des Wirtshauses, das durch viele Hände gegangen ist. Seit 2005 ist er mit seiner Familie hier, nach Lehrjahren als Koch in Bad Füssing, München und am Bodensee. Er hat die Drei Kannen zu einem beliebten Speiselokal gemacht, das in der Zirbelstube, der Kaminstube, der Brauerstube und im großen Biergarten seinen Stammgästen, Familien- und Firmenfeiern und den Ulm-Reisenden viel Platz bietet. Selbstverständlich gibt es typisch Schwäbisches: Maultaschen, Schupfnudeln und Käsespätzle – wer auf nichts davon verzichten möchte, dem sei die allseits beliebte Schwabentafel ab zwei Personen empfohlen, auf der alles vereint und mit Fleisch von Schwein und Pute in Zwiebelsoße serviert wird. Als besonderes Highlight bereitet man auf Vorbestellung ab 15 Personen Spanferkel vom Spieß mit Biersoße vor den Augen der Gäste zu. Es versteht sich eigentlich von selbst, dass das hauseigene Bier, das Drei Kannen Spezial, für gesellige Runden hier in Zwei- oder Drei-Liter-Kannen aufgefahren wird.

Draußen bei der Loggia kann man sich das Bier und eine kleine Brotzeit auch allein schmecken lassen – der Blick auf den barocken Stuck und die hölzernen Arkadenbögen entschädigt für so manche Betonfassade, die man sonst so antrifft. Schön, dass dieses historische Kleinod erhalten wurde und dass es gerade in einem Biergarten steht!

Oben: Am runden Stammtisch kann man sich das hauseigene „Drei Kannen Spezial" gut schmecken lassen

Historisches Brauhaus Drei Kannen

Hafenbad 31/1
89073 Ulm

Telefon: 0 731 / 67717

www.dreikannen.de

Öffnungszeiten:
Täglich 11:00–24:00 Uhr
Oktober–November
und Januar–März:
Montag–Freitag
14:30–16:30 Pause
Kein Ruhetag

ERSTES ULMER PFANNKUCHENHAUS IN ULM

Das Ulmer Fischerviertel ist heute eine gemütliche Flaniermeile mit Bars, Cafés und kleinen Kneipen – da will man sich doch ein wenig abheben. Zwar sind mehr als genug Gäste vorhanden, sodass sich die Wirte nach der Devise „Leben und leben lassen" begegnen, eine pfiffige Idee aber kann nicht schaden. Die hatte der Betreiber des Allgäuer Hofs in der Fischergasse, der Onkel des heutigen Pächters Ralf Hagmeier, als er in den 1980er-Jahren den Pfannkuchen in unzähligen Variationen auf die Speisekarte setzte und schließlich den Untertitel „Erstes Ulmer Pfannkuchenhaus" in die obere Zeile auf der Karte rückte. Seither ist das historische Wirtshaus, das der Ulmer Goldochsenbrauerei gehört und früher einmal „Altdeutsche Bierstube" hieß, im In- und Ausland bekannt – der Pfannkuchen ist schließlich ein international beliebtes und vor allem auch nach unterschiedlichen Speiseboten ferner Länder zugelassenes Gericht. Es gibt ihn süß, herzhaft oder pikant, mit Obst, Gemüse, Schinken, Leberkäs', Fleisch oder Meeresfrüchten, schwäbisch oder frei interpretiert ... und ja, es gibt im Ulmer Pfann-

kuchenhaus auch Schnitzel, Zwiebelrostbraten, Käsespätzle oder die Ulmer Altstadtpfanne mit einer Auswahl von allem.

Haben wir unserer Leserschaft nicht genug Appetit gemacht? Es ist natürlich noch das historische Haus an sich, das seit 1644 bezeugt ist. Müller, Bierbrauer und Fuhrleute waren die ersten Besitzer und die Allgäuer Flößer auf der Donau wohl die regelmäßige Kundschaft; sie gaben dem Wirtshaus seinen ersten Namen: Allgäuer Hof. Von 1870 existiert eine Verkaufsurkunde vom „Speisewirth" Ludwig Kienle an den Weinschenk Eduard Schäfer, der das Gasthaus 1902 an seinen Sohn Max weitergibt und der einmal stolz von seinen eigenen Weinfässern im Keller berichtet. Wohl bis 1953 ist Max Schäfer der Wirt im Allgäuer Hof; vielleicht sind es der Wein oder das flache Wasser der Blau im Fischerviertel – jedenfalls müssen er und seine Gäste ausgiebig gegen „geflügelte Mitesser" kämpfen: Max Schäfer verjagt täglich Mücken (Schnaken), und so wird er bald von seinen Gästen „dr Schnaak" gerufen. Dieser Ehrentitel geht auf den Gasthof über, und so wird unter Sohn Fritz Schäfer zwischen 1953 und 1969 aus dem Allgäuer Hof der „Schnaken Hof", ein Name, der heute noch bekannt ist und dem die früheren Besitzer durch ein Wirtshausschild mit einer goldenen Stechmücke ein Denkmal gesetzt haben. Danach tritt das Bier im Angebot wieder in den Mittelpunkt

Oben: Wirtshaus oder Museum? – Hier kann man nicht ganz sicher sein.
Rechts: Wer mag, kann einmal die Bierkrüge auf dem Gesims im Gastraum zählen – die genaue Anzahl wird hier nicht verraten

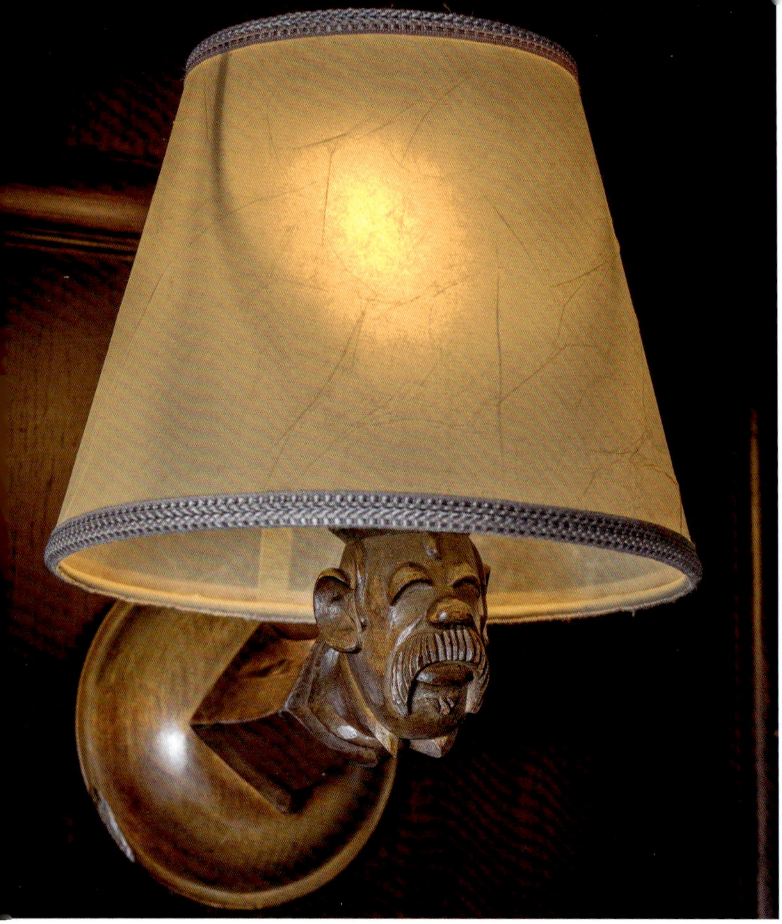

Die Gesichter unter den Lampenschirmen blicken mit jedem Bier freundlicher

und der Name wechselt zeitweilig auf „Altdeutsche Bierstube“, doch mit der aktuellen Wirtsfamilie Hagmayer hielt seit 1982 der Pfannkuchen hier Einzug. Das Wirtshaus firmiert heute unter dem Doppelnamen „Erstes Ulmer Pfannkuchenhaus – Allgäuer Hof“ – eine Rückbesinnung also auf die ersten Gäste, die Holzflößer aus dem Allgäu.

Die Schnaken sind nicht mehr so zahlreich im Fischerviertel – draußen an den Tischen ums Haus kann man im Sommer wunderbar Bier, Wein und Pfannkuchen genießen. Das Glanzlicht ist jedoch das historische Innenleben der kleinen, feinen Gaststätte: In der Mitte dominiert eine große Schankbar mit umlaufender Sitzgelegenheit, an den mit dunklem Holz vertäfelten Wänden stehen kleine Sitzgruppen, wie ehedem in einer typischen Schankwirtschaft. Ralf Hagmeyer, der heutige Pächter, könnte sich für seine Pfannkuchen-Teller zwar größere Tische wünschen, aber die würden das historische Ambiente doch sehr verändern. An den Wänden sind Bilder und Stiche aus einem romantisch verklärten Ulm vergangener Tage zu sehen: das Ulmer Münster aus allen nur denkbaren Blickwinkeln, das Fischerstechen, die Feiern zum Schwörmontag und das Nabaden, das Ulmer Fischerlied oder auch die ersten gedruckten „Fremdenführer“ für Ulm aus dem ganz frühen 20. Jahrhundert. Wer den

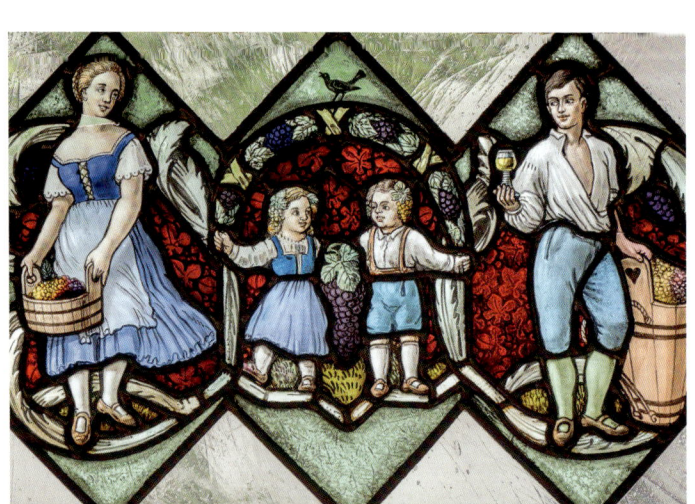

Weinlese mit der ganzen Familie in den Bleiglasfenstern

Rechts: Ralf Hagmeyer ist in zweiter Generation der Herr der Pfannkuchen.
Unten: Das Ulmer Donauweibchen wacht über die Gäste

Wirtshauslampen über den Tischen Beachtung schenkt, entdeckt hier u. a. ein traditionelles Wesen: das Ulmer Donauweibchen, eigentlich eine Meerjungfrau mit „geflosstem" Unterleib, die sich offenbar ins Süßwasser der Donau verirrt hatte. Und wer an besonders vollen Tagen einmal etwas länger auf seine Pfannkuchen warten muss, könnte sich daran machen, die vielen Bierkrüge auf einem Gesims oberhalb der Schankbar zu zählen – kein Pfannkuchen wird in der Küche so lange schmoren, als dass man dies schaffen könnte. Ralf Hagmeyer hat uns die ungefähre Anzahl gesagt – wir sagen sie aber nicht weiter, denn man sollte ja selbst einmal einkehren im ersten und einzigen Pfannkuchenhaus im Fischerviertel in der Donaustadt Ulm. Wohl bekomm's!

Erstes Ulmer Pfannkuchenhaus – Allgäuer Hof

Fischergasse 12, 89073 Ulm

Telefon: 0731 / 67408

www.erstes-ulmer-pfannkuchenhaus.de

Öffnungszeiten:
Täglich 11:30–23:00 Uhr
Sonn- und feiertags
bis 24:00 Uhr
Durchgehend warme Küche
Ruhetag: Montag

AUTORENTEAM

Frank Ebel, geboren 1962. Musik- und Kunsthistoriker, Autor und Lektor beim Dr. Peter Morsbach Verlag.
Wirtshaustexte: 2, 13, 15, 16, 17, 22, 23, 27, 28, 31, 43, 45, 46, 48, 49, 50
Informationsblock: Wallfahrtskirche St. Maria in Zöbingen (S. 93), Kleine Zeittafel der napoleonischen Umwälzungen in Schwaben (S. 166), Der Schwörmontag und das Nabaden (S. 182)

Franziska Gürtler, geboren 1989. Studium der Germanistik, Geschichte und Vergleichenden Kulturwissenschaft in Regensburg. 2012 Bachelorabschluss, seit 2013 Masterstudium Germanistik.
Wirtshaustexte: 5, 30, 32, 44, 47
Informationsblock: Whiskyherstellung (S. 27)

Bastian Schmidt, geboren 1980. Diplom-Geograph, freier Journalist in Regensburg.
Wirtshaustexte: 1, 3, 4, 6, 7, 8, 9, 10, 11, 12, 14, 18, 19, 20, 21, 24, 25, 26, 29, 33, 34, 35, 36, 37, 38, 39, 40, 41, 42

FOTOGRAFIERT HABEN

Gerald Richter, geboren 1965. Diplom-Kaufmann, Fotograf und Mediengestalter, Geschäftsführer des Dr. Peter Morsbach Verlags.

Alle Bilder stammen von Gerald Richter mit Ausnahme von folgenden:

Hotel Gasthof Post in Jungingen: S. 18
Rosenhäusle in Esslingen/Reto Boerner: S. 41
Der Andechser in Göppingen: S. 65 oben
Gasthaus Schwanen in Schwäbisch Gmünd/Foto Schweizer: S. 74, 75
Altes Forsthaus in Lichtenstein/ Marc Armbruster: S. 122, 123, 124
Hotel Gasthof Neumühle in Beuron: S. 141
Gaststuben im Zunfthaus der Schiffleute in Ulm: S. 173, 176 unten

Überblickskarte auf Seite 194-195: © OpenStreetMap-Mitwirkende / geodressing.de
© GeoBasis - DE / BKG 2014

Wir haben uns bemüht, alle Copyright-Inhaber ausfindig zu machen. Sollte dies in Einzelfällen nicht gelungen sein, bitten wir, dies zu entschuldigen und um Nachricht an den Verlag.

50 historische Wirtshäuser

Jeder Band präsentiert ausgewählte historische Wirtshäuser, in denen Tradition und Genuss gepflegt werden. Informationen zur Geschichte und aktuelle Fotos vermitteln einen lebendigen Überblick über die Wirtshauskultur der jeweiligen Region. Mit Öffnungszeiten und Landkarte.

nur 24,95 €

50 historische Wirtshäuser in Oberschwaben und am Bodensee

Verlag Friedrich Pustet · Dr. Peter Morsbach Verlag

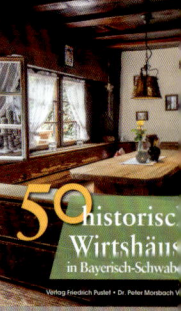

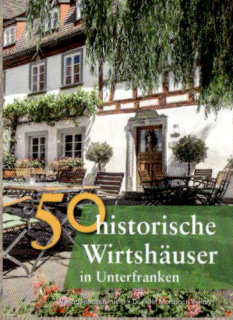
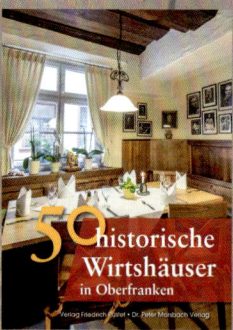
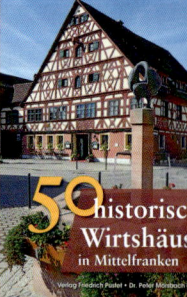

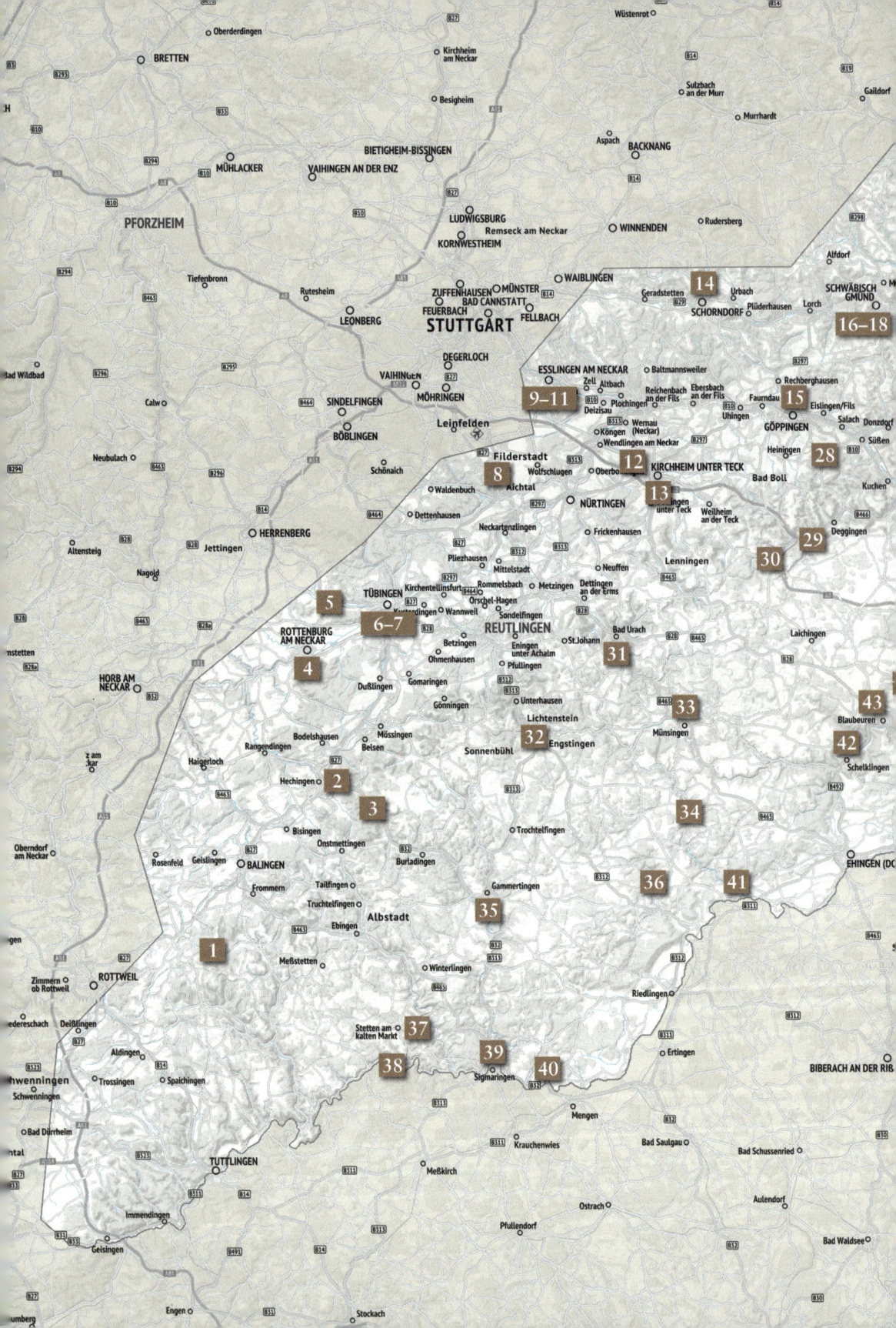